Benedikt Stattler

Das Geheimnis der Bosheit des Stifters des Illuminatismus in Bayern zur Warnung der Unvorsichtigen, hell aufgedeckt von einem seiner alten Kenner und Freunde

Benedikt Stattler

Das Geheimnis der Bosheit des Stifters des Illuminatismus in Bayern zur Warnung der Unvorsichtigen, hell aufgedeckt von einem seiner alten Kenner und Freunde

ISBN/EAN: 9783743309753

Hergestellt in Europa, USA, Kanada, Australien, Japan

Cover: Foto ©ninafisch / pixelio.de

Manufactured and distributed by brebook publishing software (www.brebook.com)

Benedikt Stattler

Das Geheimnis der Bosheit des Stifters des Illuminatismus in Bayern zur Warnung der Unvorsichtigen, hell aufgedeckt von einem seiner alten Kenner und Freunde

Das Geheimniß der Bosheit

des Stifters

des Illuminatismus in Baiern

zur
Warnung der Unvorsichtigen
hell aufgedeckt

von
einem seinen alten Kenner und Freunde.

Mit Begnehmigung des hochwürdigsten Ordinariats.

München und Augsburg,
1787.

Herr Adam Weishaupt muthet den Herausgebern des Nachtrags von Originalschriften seines Chef d'œuvre, sowohl als allen denjenigen, welche durch das Lesen eben derselben Schriften nicht vielmehr von der reinen Redlichkeit seiner Absichten überzeuget und erbaut, als geärgert werden möchten, geradehin Bösartigkeit des Herzens zu (vom Anfange seiner kurzen Rechtfertigung bis S. 21.) Sich selbst aber gedenkt er leicht noch wider allen Verdacht irgend einer Bosheit, Heuchelen, des Betruges, und der Eigennützigkeit schützen zu können. Wirklich giebt es auch noch manche, welche, da ihnen ohnehin seine Talente und ihr Unglück Mitleiden abdringen, die in den unter höchster Authorität gedruckten Originalschriften des Illuminatenordens weit auseinander gestreuten offenbarsten Züge seiner allgemeinen und äußerst schädlichen Bosheit einzusehen, aus Abgange einer bedachtsamern Überlegung nicht fähig sind. In Hoffnung eben dieses Erfolges ist Herr Weishaupt noch dreust genug, nicht nur schwachen Augen sich selbst für ganz schön darzustellen, sondern auf untadelhafte Männer, deren etwa nur einer ihm seiner eigenen großen Schuld gemäß jetzt wehe thut, insgesammt den Schatten bitterster Verleumdung zu werfen. So nun blieb die Aergerniß bey ihrer ganzen Stärke; und jene, so man ihr am meisten entgegen zu stehn glaubet, wären durch so einen Kunstgriffe um ihr Ansehen und Stärke gebracht, demselben ferner widerstehen zu können.

Aufgerufen also durch so ein freches Betragen werde ich, als ein alter Kenner und ernstlich wahrer Freund des Herrn Weishaupt, erstens ihn, auf Art einer brüderlichen Ermahnung, seiner Bosheit selbst durch Zusammensammlung ihrer in den Originalschriften zerstreuten Zügen überzeugen, und zugleich andere vor selber warnen; zweytens die gemißhandelte Rechtschaffenheit der von ihm so falsch und frech vor dem Publikum verleumdeten Männer gleichsam im Vorbeygehen schützen.

Weishaupt machet, als Jurist und Advokat seiner eigenen Sache, den Anfang mit der Berufung auf seinen immer guten Leumund (S. 23.). Denn kömmt er auf die Rechtfertigung seines vorgegebenen Hauptverbrechen, nämlich der Stiftung einer heimlichen Gesellschaft; welche er eine für die ganze Welt und Menschheit errichtete Schule des Guten nennet (S. 25.). Er sucht dann zu beweisen, daß seine Absichten hierinn nicht böse haben seyn können: weilen er weder Gemächlichkeit und Ruhe, weder Wohllust und sinnliches Vergnügen, nicht Ruhm und Ehre, auch nicht Macht, außer nur für die gute Sache, für das Beste der Wahrheit und Tugend, gesucht habe (von S. 26. u. f.). Nur die Macht der Vernunft und Tugend habe er zu erheben gesucht (S. 35.). Diese unterdrücke, verbanne und verfolge niemand (ebendas.). Gold und Reichthum habe ihn am wenigsten gereißet (S. 36.). Nun aber wären diese ja die einzigen Absichten und Zwecke der Menschen: wo diese fehlen, wo ihre Merkmaale und Wirkung nicht sichtbar sind, da müße der Trieb von einer reinen und höhern Ordnung seyn, oder die Handlung hätte gar keinen

nen Zweck. Dieser Trieb könne kein anderer seyn als Liebe zur Tugend ꝛc. (S. 37.).

Um endlich diesen für sich selbst angebrachten Beweis von allem Verdachte zu entledigen, beruft er sich selbst auf seine von seinen Feinden offentlich vorgelegten Briefe und Schriften, als den sichersten Beweis seiner reinen Absichten (S. 39.). Besonders gründet er diesen Beweis auf seine letzten, erst nach der Entdeckung seines Unternehmens herausgegebenen Schriften (S. 40.). Auf S. 42. lehnt er den Verdacht dessen ab, daß in seinen Schriften die Vernunft so sehr erhoben, und der christlichen Lehre weniger gedacht werde. Er will so was allein gethan haben, um das Christenthum unter solchem philosophischen Gewande den Weltleuten mehr zu empfehlen, und die ungeheure Kluft auszufüllen, welche den Deisten von der Offenbahrung trennet.

Endlich (S. 50.) kömmt Weishaupt auf den für ihn so bittern Vorwurf: ob wohl eigene Sittenlosigkeit sich mit dem Lehren der Tugend vereinbare? Ob Blutschand! - - - Abtreibung des Fötus - - - - Er bekennet zu erst gefehlt zu haben, und nennet diesen Fehler die einzige und

und die größte Mackel seines Lebens. (NB. doch S. 17. des Nachtrages steht was in seinem eigenen Briefe an den Marius, mit dem er ganz offenherzig mehrere solcher Mackeln, aber behutsamer verborgen gehaltene Mackeln, frey heraus gesteht). Er giebt dann vor, darüber eine Reue zu empfinden, dergleichen wenige über ihre Fehler mögen empfunden haben (S. 51.). Behauptet aber doch gleich hernach, diese beeden Fehler verriethen nur Schwäche, aber keine Bosheit des Herzens; und nur die Bosheit und die Fertigkeit so zu handeln seyen die Merkmaale eines Böswichts. Aber solche Fehler!! (S. 52.) Jezt kömmt eine Entschuldigung seiner Sünden über die andere; und das ist eben der eigentlichste Umstand, wo man alle wahrhaft, oder nur dem Scheine nach reumüthigen Adamskinder wie am hellen Mittage unterscheiden kann. Die erste Ausrede heißt so: wer fehlt denn nicht? Ich auf diese, ein anderer auf eine andere Art. Die zwote lautet also: wär ich ein Mächtiger; - - - nun aber weil ich klein bin ꝛc. Die dritte: ich könnte mich mit den Beyspielen anderer Sünder von allen Zeiten und Ständen schützen; selbst (S. 52.) „durch das Ansehen und die so berufene Moral der Jesuiten rechtfertigen, wenn ich ausgeschämt genug, wenn ich nicht ein Lehrer der Tugend wäre, der Anstalt zu ihrer Verbreitung entworfen hat. Ich habe Feinde von allen Seiten. - - - Dies ist, warum bey mir stärker auffällt, was bey tausenden übersehen, und vielleicht bey einigen noch belohnt wurde. Lasset einmal die Methode allgemeiner werden, anderer ihre Kästen und Schränke zu erbrechen, dann sollt ihr sehen, daß ich vielleicht noch ein Engel bin. Nur Schwäche also, keine Bosheit verrathen diese Handlungen (die Blutschande, und die um diese zu decken unternommene Abtreibung des Fötus) und deswegen verdiene ich Mitleiden, nicht Abscheu. Die besten Menschen verfallen in den ersten Fehler, und der Zweyte ist eine natürliche Folge des ersten; er ist in den Augen eines philosophischen Richters, der nicht an den mageren Buchstaben eines blutdurstigen Gesetzgebers hängt, ganz unfreywillig, und es hat an selbem wenig oder gar keine Zurechnung Platz".

Jezt folgt (S. 56.) die rührende Geschicht der unternommenen Abtreibung der Leibesfrucht; in welcher, nachdem man auf alle andere Welt, auf den Gesetzgeber selbst, auf die Handhaber des

des Gesetzes, selbst so gar auf die nicht nachdrücklich genug verfaßten Empfehlungsschreiber um die Dispensation schnell genug zu erhalten, viele Schuld gelegt hat, man endlich schließt: wenige Menschen haben verzeihlicher als ich gefehlt (S. 60.): die Entschlüßung zur Abtreibung der Frucht sey dem Vater, wie der Mutter, in so laut dazu auffoderenden Umständen nicht willkührlich und frey gewesen: und wenn man diese Umstände bedenke, so werde jedermann mit Weishaupt einstimmig vermuthen, (S. 63.) daß, wenn es gleich weniger und nicht allezeit bekannt wird, unter hundert ehrliebenden gefallenen Mädchen kaum eine einzige sey, welche sich nicht, um ihre Ehre zu retten, zu ähnlichen äußersten Mitteln werkthätig entschließt. So lauten nächstens die Worte Weishaupts selbst in seiner kurzen Rechtfertigung.

Hier haben wir also einen neuen öffentlich beichtenden Augustin, und reuevollen David, an Weishaupten. Aber o Gott! welcher Unterschied ist zwischen seiner und jener Reue! so großer, als zwischen nackender Philosophie und dem ehrbaren Christenthum nothwendig seyn muß.

A 5 Gott

Gott bewahre mich, daß ich der Liebe vergesse, welche mich das wahre Christenthum, mit unendlichem Vorzuge vor Philosophie, auch gegen die fehlerhaftesten Menschen nicht zu vergessen lehret, dem Stifter der neuen Tugend- und Weltschule Hohn über seine veroffenbarte Schandthaten spräche, oder das aufrichtigste Mitleiden bey einem so unseligen Falle, ja selbst auch nur jede nur vernünftige Liebsentschuldigung versagte. Doch aber aus so einer Art der Rechtfertigung des Sünders sehe ich klar vor, daß die göttliche Vorsicht jenes Gute weder bey Weishaupt selbsten, noch bey anderen, welche durch ihn verführet worden, erreichen werde, welches sie sich doch in Zulassung so eines beschämenden Falles zur Absicht ihrer väterlichen Bestraffung ohne Zweifel fürgesteckt hatte.

Denn durchgehen wir alle Geschichten von dergleichen beschämenden Fällen wirklich großer, oder nur eitel groß seyn wollenden Menschen: wir werden finden, daß jederzeit die Absicht der Zulassung solcher Beschämungen von Seite Gottes eine aus diesen zweyen gewesen sey, nämlich entweder um den blendenden Schein ihrer falschen Tugend und Heuchelen zur Warnung der schwach- und kurzsichtigen dadurch aufzuklären,

oder

oder durch die aufrichtigste Demuthvolle Reue der gefallenen theils andere kalte Büßer zu erbauen, theils durch die in solchen Büßeren tief gegründete Demuth sie selbst erst recht herzurichten, um große Dinge zur Ehre Gottes und zum allgemeinen Heile ohne fernere Gefahr des eigenen Hoffartschwindels durch sie bewirken zu können. Das letztere war die Wirkung des Falles bey David, bey dem Apostelfürsten Petrus, bey einem heiligen Augustin. Das erste befand sich bey einer Menge hoffärtiger Verführer, und wir haben selbst das Zeugniß des heiligen Geistes davon in dem von Weishaupt selbst so belobten Briefe des heiligen Paulus zu den Römern I. 18. „Der Zorn Gottes zeiget sich vom Himmel wider alle Gottlosigkeit und Ungerechtigkeit jener Menschen, welche die göttliche Wahrheit boshaft unterdrucken. – – Sie rühmten sich der Weisheit, und werden zu Thoren. – – Derohalben überließ sie Gott den unreinen Begierden ihres Herzens, daß sie ihren Leibern untereinander Schmach anthaten. Nachdem sie die göttliche Wahrheit in Lügen verdrehet hatten; – – hat sie Gott den schandvollen Leidenschaften überlassen. – – Gleichwie sie Gott und seinen wahren Sohn Jesus von Nazareth (Nachtrag

trag in zwoter Abtheilung S. 98.) nicht erkennen wollten, so überließ sie Gott ihrem Unsinne, daß sie Ungebühr trieben, und erfüllet würden mit aller Bosheit, Hurenliebe, Geize, Schalkhaftigkeit; erfüllet mit Neide, mit dem Mordgeiste, mit Zänkerey, Verkehrung: sie warden Ohrenbläser, Ehrabschneider, bey Gott verhasset, und ihn hassend, Lästrer, hoffärtig, ruhmsüchtig, böser Stücke Erfinder, ihren Aeltern ungehorsam, unweise, Uebertreter der Werträge, ohne Liebe, ohne Bund, ohne Barmherzigkeit. Obwohl sie die Gerechtigkeit Gottes erkannten, begriffen sie doch nicht, daß jene des Todes schuldig sind, welche solche Dinge thun; ja nicht nur die sie thun, sondern auch die sich ihnen beygesellen, und Recht geben".

So wie aber der eiteln Philosophie keine Tugend unbekannter als die aufrichtige Demuth ist: weil eben diese die aller Bestechung unfähigste Wahrheitsliebe, selbst sogar in der Beurtheilung seiner eigenen Mackeln, zum Grunde hat; da entgegen jene bis zur Thorheit des Selbstbetruges in sich verliebet ist: so ist kein sicherer Probierstein, mittels dessen die wahre, nur vom redlichen Christenthume natürlich herquellende Buße von einem pur abgenöthigten Geständniß einer

ohne

ohnehin schon ruchbar gewordenen Schandthat so klar unterschieden werden mag, als eben die bey einer wahren Buße so Mitleidens und der Verzehnung würdig sich äußernde Selbstverdemüthigung, und die bey der nur erzwungenen Reue von allen Seiten hergesuchten Selbstentschuldigungen, ja wohl gar noch Rechtfertigung der gröbsten Laster.

Weishaupt leint von sich ab die Vernuthung jeder Triebe der Bosheit, und will nur aus Schwäche etwa gefehlt haben. Ubergeht aber in der Herzehlung solcher Urtriebe aller Bosheiten eben jenen, welcher der allergefährlichste und unbändigste aus allen ist. Wie? wenn die hohe Einbildung von seinen Geistesfähigkeiten und Einsichten, durch eine in tiefen Herzensfalten versteckte Eigenliebe aufgewecket, alle seine Einfälle in hohen Farben sich selbst zu empfehlen, der wahre Grundtrieb des unternommenen, ohne Zweifel den Unternehmer auf der Erde unsterblich machenden Werkes des erlauchten Ordensstifters gewesen wäre? Wie? wenn die ihm eigentliche Thätigkeit in Betreibung jedes seines einmal ernstlich gefaßten Endzweckes den mit Hochmuth allemal vergesellschaften Haß und Rache allen jenen

höchst

höchst gefährlich gemachet hatte; welche dem Götzen seiner großen Einbildung von sich selbsten nicht immer genug Weyhrauch durch die erwarteten Lobeserhebungen aufgestreut haben. Hätte nicht die durch die Verbindung mit einer Menge gleichgestimmter Gemüther gesuchte Macht eben sowohl ein Werkzeug so einer bösartigen Anmuthung gegen die Widersinnigen, als der vorgegebenen Heldenliebe gegen alle andere Menschen, werden können? Ja, war sie es nicht schon wirklich bey ihrem ersten Anfange? Haben es denn diese noch jungen Ordenskönige nicht sich selbst einander zugejauchzet; daß sie durch ihre Macht schon die ihnen verhaßtesten aus dem Sattel gehoben haben? (Originalschriften S. 8.). Haben sie sich nicht durch Hinterlegung der Dokumente davon in ihren Archiven bey ihrer spaten Ordenswelt das Angedenken so eines Verdienstes zu versichern gesuchet? Wie? Weishaupt und Konsorten haben nur die Macht der Vernunft und Tugend zu erheben gesuchet? Sie haben niemand unterdrückt, verbannet, und verfolget? So was getrauet sich ihr großer Chef offentlich, auch nach der autentischten Bekanntmachung ihrer Handschriften, dem Publikum vorzuschwätzen; in welchen alle

Seiten

Seiten von dem Haße und Verfolgung derjenigen voll sind, von denen allein sie versichert waren, daß sie es mit ihren geheimen Projekten nicht nur niemal halten, sondern selbem immer unabänderlich entgegen seyn würden. Klagte nicht Weishaupt selbst gleich nach seinem ersten Falle zu B... im Pfarrhofe dieß am allermeisten, und mit größter Ungehaltenheit, daß gerad eben der seinen Sturz am nächsten bewirket habe, dessen er sich ehevor, den S....... zu stürzen, gebraucht hatte?

Nun was beweiset jezt seine obige Enumeration von den zur Bosheit eines Fehlers nöthigen Triebfedern? Ist sie wohl so vollständig, als man sie von einem vieljährigen akademischen Lehrer der praktischen Philosophie und des Naturrechtes, ja von einem Weltlehrer der Moral, erwarten könnte? Giebt es keine andere Absichten und Zwecke der menschlichen bösartigen Handlungen als *Gemächlichkeit* und *Ruhe*, *Wohllust* und *sinnliches Vergnügen*, *Ruhm* und *Ehre*, *Macht* endlichen?

Allein lassen wir nun diese seine so wurmstichige Schutzrede bey Seite, und erforschen
jezt

jezt nur die ungeheuchelte Gutherzigkeit und Demuth seines reumüthigen Geständnißes der einzigen und größten Mackel seines Lebens. Denn offenbar würde es Pflicht für uns seyn, einen nun wahrhaft reumüthigen Sünder mitleidig zu behandeln, so wie es uns unser Meister Jesus von Nazareth selbst durch sein Beyspiel empfohlen hat, wenn nicht seine Reue eben selbst voll Heucheley wäre.

Zuerst, wie es Kinder machen, schiebt er als ein wahrer Adam, seine und seiner Eva Schuld auf alle andere Leute. Klagt, daß man seinen Fehler zu groß mache, weil er selbst klein sey. Wahrlich, das Christenthum hat ihn so zu büßen nicht gelehrt. Allein, bald gesellet sich Zorn und Rache wieder zu dem angewöhnten Hochmuth; diese stimmen gleich den Ton nach ihrer natürlichen Hitze etwas höher; er getraut sich endlich so gar noch zu rechtfertigen. Und wie? Durch das Ansehen und die so berufene Moral der Jesuiten. Ey doch! wie haben diese Leute und ihre Lehre doch noch einmal ein Gewicht bey Weishauptes Gewissenhaftigkeit sich erschlichen? Aber recht so: sie sollen nicht, und möchten doch etwa jezt über meine Schande Lust fühlen, diese alten Feinde mei-

meines großen Werkes, und Nichtanbether meiner hohen Geistesgaben; so wie ich jedesmal über ihre unglücklichen Schicksale triumphirte. Ich mache sie in Summa alle zu Mitschuldigen meiner Missethat, und sage es frey, ja beweise es laut genug, ich habe nur ihre allgemeine Sittenlehre vollzogen, da ich die Abtreibung meiner eigenen Frucht unternommen habe. Wie nun? So gieng denn Weishaupt auch als offentlicher Selbstlehrer, ja wohl als schon wirklicher Weltlehrer des Guten noch einmal zu jenen, und nur einer solchen Sache halben, in die Schule, deren Lehre er im ganzen Durchschnitte mit so vielen andern schon lang den allgemeinen Fluch zu sprechen gewohnt war?

Haben aber diese bösen Männer, die Jesuiten, haben sie wirklich das gelehret, was Weishaupt ausgeübet hat, und nun durch ihr Ansehen und berufene Moral sich auch zu rechtfertigen getraut? Und wer möchte es ihm widersprechen? wer nicht gern glauben, da er die eigenen Worte eines ihrer großen Lehrer anführet, mit welchen dieser so was nicht nur selbst ganz dreust lehret, sondern für eben solche seine Lehre eine ganze Reihe gleichlehrender Rabiner des

B nämli-

nämlichen Geſellſchaft ſammt ihren Stellen, wo ſie das lehren, genau anführet. P. Morin ſoll der große Zeug der allgemeinen jeſuitiſchen Lehre für die Rechtfertigung deſſen ſeyn, was man Weishaupten zu ſo großer Sünde anrechnet, nämlich des Fötusabtreiben nach begangener Sünde und Verführung, um der Todesſtrafe und der offentlichen Schande zu entgehen. P. Morin beziehe ſich hierüber n. 75. auf Navarra, Bannez (dieſe zween waren zwar ganz was anderes als Jeſuiten, und folglich möchten mehrere noch ihr Anſehen und eine eben ſo berufene Moral zu ſo einer Rechtfertigung herleihen dürfen) auf Henriquez, Sà, Caſtropalao, Sanchez. Wie nun aber? wenn dieſe 4. letzten wahren Jeſuiten mit allen anderen ihren Ordensgenoſſen niemal ſo was, ſondern gerad das Widerſpiel gelehret hätten, auch mit keinem Buchſtaben von dem P. Morin des Weishauptes für ſo eine Schandlehre irgend wären angeführet worden? wie ſtund es mit der Sittlichkeit dieſes neuen Tugendlehrers? wie mit ſeiner Buße, und Rechtfertigung?

Um alle Falten, in welche dieſe Wahrheit verſtecket iſt, rein auseinander zu legen, iſt zu
erſt

erst zu merken, daß dieser berühmte Jesuit, in der Weishauptischen kurzen Rechtfertigung S. 52. P. Morinus genannt, kein anderer seyn kann als der spanische Jesuit Joannes Marin. Denn wie man von keinem P. Morinus in der ganzen Jesuitengesellschaft weis, der so ein Werk jemals in Druck gegeben hätte, so findet sich in Wahrheit in des P. Johann Marin Theolog. Speculat. & Morali T. 3 Tract. 23. (nicht 25.) de Matr. Disp. 8. Sect. 5. wie es Weishaupt anführt, wirklich die Stelle, welche dieser, aber voll mit Verdrehungen, in seiner Note verteutschet angiebt. Zu merken ist aber erstens, daß Johannes Marin dieses sein ganzes Werk (Theologia Speculativa & Moralis) um das Jahr 1717. in Spanien ohne alle Approbation seiner Ordensobern in den Druck gegeben habe, zur Zeit, da er selbst Beysitzer des höchsten Inquisitionsrathes allda und Beichtvater des königlichen Kronprinzen Ludwigs Philips war. Was er also immer schönes über hier vorliegendes möchte in solchem Werke selbst in Person gelehret haben, könnte von niemand deswegen allein mit Grunde unter die berufene allgemeine Jesuitenmoral gerechnet werden.

Lehret aber Johann Marin l. cit. wohl selbst was, womit Weishaupt sich rechtfertigen könnte, oder das wenigst, was er von Marin anführet, und für was er vorgiebt, daß Marin oben genannte Jesuiten als Mitbrüder und eben so Gesinnte anführet? Hievon ist im Durchschnitte kein Wort wahr. Wer Lust hat, dem will ich es alle Stunde selbst in seinem Werke vorzeugen. Was er selbst n. 75. lehret, und wofür er allein die Navarra, Bannez, Henriquez, Sà, Castropalao citirt, und allein mit Wahrheit citiren konnte, sind blos folgende zween Sätze: 1.) **Die Frucht im Falle einer Krankheit und einer davon herrührenden Todesgefahr** der schwangeren Frauen durch Medikamente abtreiben wollen, so geradezu auf diese Abtreibung hinzielen, sey nicht erlaubet, auch nicht zur Zeit, da die Frucht noch kein Leben erhalten hat. 2.) Wenn aber auch die Frucht schon belebt ist, so sey es doch erlaubet, daß die kranke Frau, in gerader Absicht der Krankheit und dem daraus bevorstehendem Tode zu entgehen, zur Ader lasse, und die hiezu füglichen Medikamente zu sich nehme; wenn schon eine Gefahr vorhergesehen würde, daß durch eben solche Medikamente das Abgehen der Leibesfrucht

frucht indirecte, oder ohne dahin gerichtete Absicht, erfolgen würde. Noch mehr wäre so was erlaubet, wenn z. B. eine brandige Leibesfrucht selbst die Ursache der Todesgefahr der Mutter wäre. „So viel lehrt Marin selbst über das, was hier erlaubt sey, und um kein Haar mehr. Für diese Sätze allein citirt er alle obigen Lehrer, und auch diese lehren in ihren von Marin angezeigten Stellen, ja wohl in ihren ganzen großen Folianten, um kein Haar mehr über diese Frage.

Nun aber führt Marin in cit Sect. 5. als eine Vormerkung zu seiner obigen persönlichen Lehre die 34te Proposition aus jenen 65. Sätzen an, welche Pabst Innozens der XI. dieses Namens anno 1679. den 2ten Märzen ferner zu lehren unter der Straf des großen Kirchenbanns verbothen hat, in welche Straf jeder Lehrer derselben Sätzen von Stunde an verfallen seyn sollte, als er sich so was zu lehren wurde erfrechet haben. Diese 34te Proposition lautet wörtlich also: Es ist erlaubt den Fötus abzutreiben, vor er belebt ist, damit das Mädchen nicht etwa nach Entdeckung des Lasters zum Tod verdammt werde, oder in öffentliche Schand komme. Da entspringet denn bey den Moraltheologen eine neue Frage : ob nämlich diese oder jene Lehre, dieser oder jener Satz, in diesem buchstäblich verdammten Satze enthalten sey; und folglich ob jener, der selben lehrte, in die Strafe des Bannes von Stunde an verfallen würde? Ueber diese letzte Frage nun sagt Marin in seinen Vormerkungen folgendes: Wenn einer schon lehrte, es sey erlaubt geradezu einen Fötus abzutreiben um die kranke schwangere Frau damit einer ganz gewissen Lebensgefahr zu entziehen, so lehrte er einen Satz, der in der von Innozenz verbothenen 34. Proposition nicht enthalten sey, und er machte sich der auf selbes Verboth gesetzten Straf nicht schuldig; es möge hernach so eine Lehre wahr, oder falsch seyn. Marin geht noch weiter, und sagt: er zweifle, ob durch das Verboth der 34. Proposition auch verbothen sey zu lehren, es sey die gerade Abtreibung eines Fötus erlaubt, wenn es zu thun ist um die Vermeidung nicht nur der eigenen, sondern der gemeinschaftlichen Schand einer ganzen geistlichen Gemeinde. Endlich setzt Marin noch ferner wörtlich folgendes n. 66. hinzu: Ja vielleicht könnte man die Lehre des verbothenen Satzes noch gelten lassen, der Vermeidung der Schande halben, im Falle, daß dieß

das

das einzige und nothwendige Mittel wäre, das Laster zu verhüllen und der Schande zu entgehen. Imo forte posset admitti doctrina propositionis damnatæ ob vitandam infamiam casu, quo hoc esset unicum & necessarium medium ad occultandum delictum & vitandam infamiam. Marin hat also nicht gesagt, daß er wirklich dafür halte, daß alle Sätze, die er hier angab, wahr wären; sondern nur daß sie in der 34ten verbothenen Proposition nicht enthalten, folglich dero Strafe nicht unterworfen oder verdammet wären. Höchstens mag man bey dem letzten Satz vermuthen, er habe gezweifelt, ob es nicht unerachtet der Verdammung der gedachten 34ten Proposition noch erlaubt seyn könnte um die Schand zu vermeiden den Fötus abzutreiben im Falle, daß sonst kein Mittel übrig wäre dieser zu entgehen. Zweifeln aber heißt wahrlich noch nicht so viel als lehren. Ueber dieses alles aber konnte Marin nicht einmal daran gedenken die gleiche Gesinnung eines Henriquez, Sà, Castrapalao, und Sanchez zu seiner Unterstützung anzuführen; weil alle diese Jesuiten schon lang vor der Verdammung gedachter 34ten Proposition gestorben sind, folglich über den Sinne und Umfang dieser Verdammung ihre Meinung noch nicht haben äußern können. Denn Henriquez ist schon anno 1608., Sà a. 1596., Castropalao a. 1633., Sanchez a. 1610. gestorben, lang vor a. 1679., da Innocenz der XI. jenen Satz der 34ten Proposition verdammet hat.

Nun wo ist jezt die bey den frommen Vätern der Gesellschaft allgemeine Lehre, welche die That unsers offentlichen Büßers rechtfertigen sollte? Welche Unverschämtheit! „Alle ihre Theologen und Moralisten sind davon voll", lügt er wie nochmal ein Illuminatenordensstifter: ja er legt alle Scham bey Seite, und setzt hinzu: „jeder kann sich, wenn er will, in ihren eigenen Werken von der Wahrheit meiner Behauptung überzeugen (S. 52.)". Und doch hat gar keiner, auch Marin nicht, so was jemals gelehret. Selbst die berühmten, und der Lügen hundertmal überwiesenen Extraits des assertions contre les Jesuites haben die Lehrer der Gesellschaft einer solchen Irrlehre nicht beschuldigt. Und jezt steht ein offentlicher Sünder auf, stellt sich voll der Reue, und entschuldigt sich vor der ganzen ehrliebenden Welt über einen nach einer begangenen Blutschand geradezu

unter

unternommenen Kindesmord durch eine an unzähligen rechtschaffenen Männern frischgewagte lugenvolle Verleumdung; über die er sich weiter nichts zu beklagen hat, als daß er sie unfähig fand jemals zu seinem großen Ordensprojekt brauchen zu können. Nicht genug. Frech, wie ein Ausgeschämter, giebt er sie überhaupt als solche an, welche selbst, Gott weis wie oft, gethan hätten, was er jetzt nur einmal unternommen zu haben hoch bereuete; und führt zum Beweis wieder ein Beyspiel eines berufenen Jesuiten des P. Girards an; schüttet endlich seine ganze Galle mit der Note aus: „Und solche Menschen sind meine Ankläger und Verfolger (ich meines Orts kenne weder einen Ankläger, noch Verfolger Weishaupts, der ein Jesuit wäre: und braucht es denn eines Anklagens, wo die That so laut selbst schreit): dieses sind unsere Gewissensräthe: (wie lang schon sind sie es für Weishaupt?) Erzieher und Lehrer! die Stützen des Glaubens! - - Und ich bin ein Heuchler"! Ja mein Herr Weishaupt! Wenn man Sie auch sonst davon nicht überzeugen könnte, so stellen sie sich selbst hier im vollen Lichte als einen großen Heuchler in aller redlichen Augen dar. Denn wenn die neue gröbste Verleumdung

dung ganz Wahrheit wäre, welche sie gegen die
Jesuiten ausgeiferen; wie reimte sich so eine Er:
eiferung auf einen Tugendlehrer von der Art,
wie Sie einer sind; der selbst einem Freund von
sich gesteht, was Sie dem Marius in der 17ten
Seite des Nachtrages ohne allen gegebenen An:
laß mit solcher unverschämten Offenheit von sich
selbst gestehen. Unterdessen ist es wirklich eine
durch einen Parlamentsspruch feyerlich erklärte
Verleumdung, was sie von P. Girard von
neuem, als eine hübsche Rechtfertigung ihrer
Schandthat, auftischen. Wer sonst immer mit
ihnen so viel auf die neueren französischen gegen
die Jesuiten ergangenen, so handgreiflich des
Unrechtes überwiesenen Parlamentssprüche hält,
der sollte doch auch folgenden hier wörtlich her:
gesetzten, über diesen Handel des P. Girard und
der Nonne La Kadieres vom Parlament zu
Aix in Provence ergangenem Schlußurtheile
gleichen Glauben beymessen. Man hat sich be:
flissen, so gar die Gerichtsformeln des Franzö:
sischen auszudrücken.

Schlußurtheil des Parlaments von Aix in Provence, über den Handel des P. Girard und der La Kadieres.

„Man

„Man wird kund machen, daß der Parlamentshof über den Ausgang und die Folgen aller Partheyen Recht ergehen laſſe; und ſich weder an das Begehren der Katharine Kadieres vom 4ten Chriſtm. (a. 1730.) binde, welches dahin abgiebt, daß ſie von dem heimlichen Verſtändniße belehret würde; noch an das vom 13. Tage des letztverwichenen Auguſtmonats (a. 1731.), betreffend die Zuſammenſtellung gewiſſer Gezeugen, noch auch an die Foderungen, die der Generalprokurator des Königs vermög des Befehles vom 30. Tage des jüngſt verfloſſenen Heumonats gemacht hat. Solchergeſtalt hat er den P. Johann Baptiſt Girard der Geſellſchaft Jeſu befreyet, und befreyet ihn aller Anklagen und aufgebürdeten Verbrechen; und hat ihn in Betreffe dieſer Verbrechen losgeſprochen, und ſpricht ihn los vom Hofe und Proceße. Er hat die erſt genannte Kadieres zu Gunſt des gedachten P. Girard zu den Unkoſten, welche vorher bey dem Statthalter zu Toulon gemacht worden, ohne Schaden und Antheil des Paters, verurtheilet. Was die geſagte Kadieres betrift, befiehlt er, daß ſie den Händen und der Vorſorge ihrer Mutter übergeben werde. Und in Gleichförmigkeit deſſen hat er, andere hieher einſchlagende

gende Vorfälle beyder Partheyen belangend, den Karmeliten Nikolaus von St. Joseph, wie auch die Gebrüder Stephan, Thomas, und Franz Kadieres vom Hofe und Proceße losgesprochen, und spricht sie los, ungeachtet der von dem Generalprokurator des Königs hiewider gemachten Einwendungen. Weßwegen werden ihnen, so wie auch dem P. Johann Baptist Girard, die Gefängniße eröfnet, und ihr Proceß von dem Notar des Halsgerichtes versiegelt werden; ohne Rücksicht auf die Gegenfoderungen des besagten Generalprokurators vom 11ten Herbstmonath (a. 1731.). Er verordnet auch, daß dieser von dem Kommißär, der es zu hinterbringen hat, davon berichtet werde; in so weit es ihn irgend angehen mag. Er verordnet weiter, daß alle Berichte und Denkschriften der besagten Kadieres, die darauf gemachten Beantwortungen des P. Girard, die Betrachtungen über die persönlichen Antworten, sammt des P. Girard seinen, der kurze Begriff der Gezeugen, welche der Promotor in der Kanzley von Toulon angezogen hat, sammt dem Anlangen, daß sie in die königlichen Gefängniße des Pallastes gebracht würden, und einem anderen vom 9ten Augstm. (1731.) zur Entledigung der Kadieres,

res, wie auch jenes, worinn diese verlangt hat, daß ein Befehl wiederrufen, und in die Kanzley zurückgenommen werden möchte, um davon einen Auszug ihrer Beschwerden, und der persönlichen Antworten Girards auszufertigen (lauter Schriften, die schon im Drucke sind): daß alle diese Stücke in der Kanzley zurückbleiben sollen, damit sie von dem ersten Gerichtsdiener, den der Hof begehret hat, zerrissen werden. Von allen diesen wird er einen Wortprocesse abfassen, welchen man hernach in die besagte Kanzley hinterlegen wird. Am 10ten Tage des Weinmonaths 1731."

Wenn das Angedenken dieses Parlamentsschlußes schon ein wenig mehr veraltet wäre; wenn es nicht eine in Frankreich landkündige Sache wäre, wie sich die berufene Kadieres bald nach Entscheidung des Handels mit eben jenem Geistlichen aus dem Staube gemacht, der sie angehetzet hatte, den unschuldigen Girard so zu verleumden; wenn nicht alle neuere Schutzschriften der Jesuiten, ja selbst das große, von lauter Herren Protestanten gesammelte Universal-Lexicon von Leipzig Tom. X. columna 1501. eben diese Aufklärung derselben Geschicht enthielten;

ten; wenn endlich die Aufrührung dieses Mistes nur das mindeste zur Rechtfertigung des neuen Ordensstifters über seine Schandthaten beytragen könnte; so könnte er doch hier niemal sich der Ueberzeugung vom blinden Grollen und Heucheley losmachen; daß er so eines Vorfalles halben eine zahlreiche Menge rechtschaffener Priester als Lehrer, als selbst wirkliche Praktikanten dessen, was er uns von P. Girard glauben machen will, und folglich als eben solche Heuchler im Lehramte und im Beichtstuhle, wie er einer im Tugendlehren war, auf die frecheste Art anzugeben keine Scheu trägt.

Und zuletzt: was würde denn für ihn die Lehre und das Beyspiel aller jener Leute beweisen, welche er als erklärte Weltverderber von allen Lehrstühlen, ja wohl von der ganzen Welt zu verjagen, sich und seinem Orden zu einem Hauptgeschäft schon seit mehr Jahren gemacht hatte? Haben ihm denn solche Leute in einem so unmenschlichen Entschluße Kindsmörder zu werden wider alle festen Grundsätze seines Kopfes und Herzen zur Regel dienen können? Ist nicht offenbar bey der Auskrämung solcher Lügen seine ganze Absicht sich selbst über den Schmerz

eine

eine Linderung zu verschaffen, den ihm der vermeinte Triumph der Jesuiten über seine so hell entdeckte Schande verursachet? Welche ist denn eine heuchlerische Reue über Sünden von solcher Art und Größe, bey dem Karakter seiner Person, seines Alters, seiner Profeßion allgemeiner Reformator und Tugendlehrer zu seyn; wenn es diese nicht ist?

Unterdessen wie betrügt sich Herr Weishaupt seit langer Zeit schon in allen seinen Urtheilen, wie über Religion, Freyheit, Sitten, Staat, Glückseligkeit, Gewissen 2c., also über die Gesinnungen der Menschen gegen ihn. So wie er von je her Freude hatte, ja für einen großen Theil von Glückseligkeit achtete, wenn er durch welche Wege immer die Jesuiten, seine sich einmal erdichteten Feinde, stürzen, oder wenigst necken könnte; so glaubt der sittliche Mann, die Jesuiten wären von eben der Gemüthsart wie er: sie erfreueten sich nun hinwieder ab seinem Falle. Aber der Himmel weis es, wie er sich irret. Ich wills ihm also laut, daß es die Welt höre, sagen, was rechtschafene, dem wahren Geiste ihres viel redlicher gesinnten Ordens getreue Jesuiten mit mir über die Geschichte zumal noch seiner Jugend denken.

Dieser

Dieser Weishaupt war in seinen Kinderjahren von unsren damaligen Schullehrern in Ingolstadt immer auf den Händen getragen worden. Diese kannten bald sein Talent, und die in ihm bald entdeckten Geistesgaben, so ihm die Güte des Schöpfers beygelegt, reitzten den Fleiß ihrer Kultur auf selbe vorzüglich. Seine mittelmäßigen belletrischen Kenntniße und Geschmack an den alten Klaßikern sind eine Wirkung seines Umganges mit einigen jungen Jesuiten. Die ersten philosophischen Einsichte bekam er durch die ihm besonders angewandte Obsorg seines Professors in der Philosophie; welcher ihn zu einer offentlichen Prüfung aus der ganzen Philosophie (welches damals in Ingolstadt von weltlichen Studenten was ausserordentlich seltsames war) durch einen ihm eigends zum Repetitor zugegebenen jungen Jesuiten zubereitet hat. Dieß war seine erste Empfehlung in der Universität, ja wohl auch Vorbereitung zu seinem künftigen Glück. Und hätte nicht Weishaupt selbst durch baldige Aeußerungen eines bösen Herzen sein Glück verdorben, hätte er wohl mit mehrerem Vortheile seiner Nebenmenschen, nebst ordentlicher Kultur seiner Talente, können groß und glückselig werden. Aber fruh, fruh
schon

schon mus ein böser Genius sich seines Kopfes
und Herzen, glaublich durch verführerische Bü:
cher, bemächtiget haben, als er noch kaum aus
den, für ihn gewiß gutmüthigen, Jesuiten Händen
und Führung entkommen ist: weil er schon a.
1776., das ist, nur etwelche Jahre nach sei:
nen vollendeten Studien, sein erstes Ordenspro:
jekt sammt allen gleich anfangs damit eingefloch:
tenen äußerst bösen Religions: Staaten: und
Sittenbegriffen auszuführen begonnen hat.

Der Fall der Jesuiten a. 1773. war der An:
fang seines Emporkommens. Er wurde gleich
anfangs als Professor des Kirchenrechts und
zugleich der Kirchengeschicht angestellet, ohne
sich aufs erste versehen, ohne mit dem zweyten
jemals bekannt gemacht zu haben. Ickstadt und
Lori waren seine großen Beförderer dazu, und
um sich diesen zu empfehlen war es natürlich,
daß er sich von solcher Zeit an öffentlich gegen die
Jesuiten erklärte. Er wußte auch wohl, daß
diese seine Schwäche über die beeden Gegenstän:
de seines Lehramtes nicht unbekannt seyn könnte,
und er folglich von ihnen jenen lauten Beyfall
am wenigsten erwarten dürfte, welchen er sich
von anderen durch einen lebhaften Vortrag in

der

der vorhin auf der Universität ungewöhnlichen deutschen Sprache leichter erwarb.

Doch war anfangs sein Herz noch nicht so gar allgemein gegen die Jesuiten eingenommen, daß nicht ein und anderer noch einige Schätzung, wo nicht Zuneigung, bey ihm erhielten. Ich muß noch als Jesuit bey ihm einige Achtung gewonnen haben, weil er mir a. 1773., noch als Repetitor der Rechten, ohne persönlich mit mir Umgang gehabt zu haben, durch einen dritten sein neu gedrucktes methodisch (wie es hieß) geschriebenes Werk (dessen Titel, wenn ich mich nicht irre, Jus patrium civile) zugeschicket hat, um mein Urtheil, als eines Liebhabers der methodischen Schreibart über selbes zu vernehmen. Aber da war es schon, wo ich, ohne es zu versehen, die Brühe, wie man bey uns sagt, bey Weishaupt für immer verschüttet habe. Bey meinen vielen Arbeiten im Lehramte und Bücherschreiben fand ich in 14. Tagen noch nicht Zeit das, wie ich glaubte, mir nur aus Höflichkeit verehrte Exemplar zu durchlesen, und als ich bey zweymaliger Zurückkehr des Abgesandten noch nicht sagen konnte, wie wohl mir das Werk gefiel, war mein Kredit nun für alle Zeit verlohren, und ich hatte nach dem Um-

stur

sturz der Geſellſchaft innerhalb jener 9. Jahre, da ich noch Profeſſor, Prokanzler, und Pfarrer in Ingolſtadt war, in allen meinen Geſchäften an Weishaupt einen thätigſten Gegner, ob ich ihn ſchon niemal mit einem Worte wie immer beleidiget, ja wohl ihn auch zu gewinnen geſuchet habe. Denn bis a. 1776. wenigſt dachte ich von ſeiner Religion nichts arges, alſo zwar, daß ich ihn einſt bey dem erſten Miniſter des Hofes nachdrücklich ſchützte, als mir ſolcher entdeckte, wie er wichtige Klagen über deſſen gefährliche Grundſätze in Sachen der Religion vernommen hätte. Ich bekannte rund, daß ich hievon keine Wiſſenſchaft hätte; ich erinnerte an ſeine Jugend und Unerfahrenheit in Sachen der Gottesgelehrtheit; bey welcher er es leicht auch ohne Abſicht und Bosheit durch manchen jugendlich übereilten Satz mit der Religion verſehen könnte. Man wunderte ſich an mir einen ſo guten Freund dieſes noch jungen Profeſſors zu finden, von dem doch bekannt war, welche Parten er ſchon lang genommen hatte, und empfahl mir ihn ſo gar mit dem Ausdrucke: ſo machen ſie denn ferner ſeinen Freund, und warnen ihn, wenn er es ferner verſehen ſollte. Ich verſprach auch all mögliches zu thun, und Gott weis es, wie aufrichtig ich mir fürnahm dieses Versprechen zu erfüllen: weil ich immer gewohnt war über jeden fähigen Kopf meinem Vaterlande Glück zu wünschen.

Bald aber ergab sich mir eine entscheidende Gelegenheit Weishaupten innerst und ganz kennen zu lernen. Noch im gemeldten Jahre brachte mir einer aus meinen Schülern, ein Priester und Vertrauter Weishaupts eine ganz neu gedruckte lateinische Dissertation unter dem Namen Sidonii Appollinaris, von welcher er mir das Geheimniß anvertraute, daß es eine Geburt vom Weishaupt sey. In der Vorrede dieses kleinen Werkes wurde nebst Leibnitzen Robinet der Urheber des berufenen Systeme de la Nature für den größten aus allen Philosophen, welche die Welt bisher erzeuget hätte, mit freyem Machtspruch angepriesen. Die Dissertatio selbst war ganz nah auf den Hauptgrundsatz dieses Robinet verfasset, und ihr Innhalt zielte kurzum auf die Ausmusterung aller abgezogenen, oder abstrakten Begriffe; beynebens wurde die Fortsetzung des Werkes nach eben diesem Hauptgrundsatz versprochen. Nun sollte ich den Löwen aus der Klaue schon gekennet,

und

und Weichhaupten bis in den Busen hinein gesehen haben. Denn Robinets Systeme de la Nature kannte ich vollkommen, und hatte desselben gräusliche Irrthümer schon in meiner Philosophie P. V. §§. 62. 259. &c. so viel mir nur möglich war, genau wiederleget. Robinet ist in jenem seinem Werke der unverstellteste Lehrer des reinen Materialismus, stosset alle allgemein angenommenen Begriffe von allen Vollkommenheiten Gottes um, weil sie von endlichen Dingen abgezogen werden, folglich auf kein uneingeschränktes Wesen passen könnten, und läßt keinen anderen Begriff von Gott übrig als den einer ersten Grundursache der Welt, welche die einzig mögliche und vollkommenste Welt aus unveränderlicher Nothwendigkeit seines Wesens, sammt allen in selben sich vorfindenden Guten und Bösen, in vollkommen gleicher Maaße des einen und des anderen von Ewigkeit her erschaffen hat. Selbst die Handlung des Verstandes und Willens erklärt Robinet durch ein verschiedenes Spiel pur materialischer Fibern; und das moralische Gefühl, mit welchem der Mensch die Sittlichkeit aller seiner moralischen Handlungen erkennet, ist ihm nichts weiter als ein eben so materialisches, obschon viel feineres Werkzeug, oder eine Maschin, wie das Aug, womit er sieht, und wie das Ohr, damit er hört. Wer nur ein wenig feineres Gesicht hat, wird noch in Weishaupts System des Materialismus und Idealismus, selbst in seiner Apologie der Illuminaten S. 124. und zwar sehr deutlich die Spur des Robinetischen Systems finden. Dieser Robinet nun war Weishaupten um das Jahr 1776., eben da er Ordensstifter ward, der größte Philosoph und Lieblingslehrer nebst Leibniz.

Hier hätte ich also auf die Religion, Sitten, und Denkart des damal nur 28. Jahre alten Weishaupt (Originalschr. p. 215.) leicht eine Grundlinie ziehen können. Allein, erinnere sich jezt Weishaupt selbst zu seiner Beschämung, wie viel gutmüthiger die Jesuiten auch gegen ihre erklärten Feinde aus Religion gesinnet waren, als er und seine der Mysterien des Ordens theilhaftigen Ordens Chefs es gegen diese Feinde, nicht ihrer Personen, sondern ihrer bösen Projekten zu seyn sich an allen Seiten ihrer Schuzschriften ohne Scheu erklären. Ich gab dem Priester, der mirs gebracht hatte, jenes Exemplar der sauberen Dissertation ohne Anstand (ohne jemand vinculiren zu wollen) mit diesen

Wor-

Worten zurück: weil sie bekanntermassen ein vertrauter Freund Weishauptes sind, so warnen sie ihn des Robinets halben; er sey ein reiner Materialist; auch nicht so unbekannt, als sich etwa Herr Professor einbilden mag: vielleicht merkt er es nicht, wie weit ihn Robinet führen wird: zeigen sie ihm die Stellen an in meiner Theologia Naturali, wo ich seine schlimmen Hauptsäze schon vor 5. Jahren widerlegt habe, damit er sich darinn umsehe: es würde üble Vermuthungen gegen Herrn Weishaupt erwecken, wenn er als Urheber dieser Dissertation und gleicher Fortsetzungen eines solchen Lehrsystems entdecket würde. So entließ ich den Ueberbringer; und die Fortsetzung blieb nun aus. Ich gieng dieser Spur nie weiter nach; glaubte vielmehr, Weishaupt werde meine freundschaftsvolle geheime Warnung sich zu Nutzen gemacht haben. Freylich habe ich mich in dem sehr betrogen; aber doch sollte Weishaupt bey allen seinem bösen Herzen von der Gutmüthigkeit meiner Gesinnung gegen ihn überzeuget worden seyn. Unterdessen hätte ich freylich schon damal die Hauptquelle seiner eigenen größten Verführung eben durch den Robinet und dessen Systeme de la Nature entdecken können; als woraus er

wahrscheinlich selbst zum Entwurf seiner Ordensstiftung ist veranlasset worden. Wenigst passet
die ganze Hauptabsicht sowohl seines Ordens, als
alle Anstalten diese zu erreichen, die so große Zurückhaltung der hohen Mysterien desselben, die
so fürsichtige Vorbereitung der Personen zu der
Mittheilung derselben, die innigste Ausspioni-
rung der allein dazu fähigen Subjekte, so mit
dem Projekte Robinets System allgemein zu
machen zusamm, daß ich muthmasse, ich selbst
habe vielleicht erst alle diese Behutsamkeit und
Schlauheit in Weishaupten durch meine so gut-
müthige Warnung erreget.

Wenn aber wirklich so was der wahre End-
zweck seiner ganzen Ordensstiftung war; wenn
dahin alle seine gewiß außerordentliche Thätigkeit und tausenderley Vorschläge mit rastloser
Bemühung wirklich abzielten: was ist von
Weishaupts Apologien, Rechtfertigungen, was
von seiner heuchlerischen Reue über eine und andere nur entzwischen gekommene wirklich weit
mindere Lasterthat, was von jener Heftigkeit,
mit welcher er über die vermeinten Hauptfeinde
seines großen Projekts immer herausbricht, ja
selbst von jener Dreustigkeit zu halten, mit der
er

er selbst der gewiß langsam, mäßig, und nur
mit abgezwungenen Schritten seinem Land- und
Weltverderbenden Unternehmen bisher entgegen
gehenden Landesregierung Trutz biethet? Wie?
Weishaupt bereut nichts, als daß er durch Kund-
werdung zweyer aller Entschuldigung unfähiger
Schandthaten an Kredit und Wirksamkeit verlohren habe; und behauptet indessen frey noch
zur Absicht seines Ordens nichts anderes als Tugend und allgemeines Beste gehabt zu haben?
Ja was noch mehr zu verwunderen: er findet
noch heut zu Tage im Inn- und Auslande Glauben, ja Mitleiden bey seinem sich so muthwillig
selbst zugezogenen Schicksal; bey Leuten nämlich, welche die so authentisch publicirten Origi-
nalordensschriften nur mit flügendem Auge lesen;
die in selben sehr zerstreuten Merkmaale der
schröcklichen Bosheit seines Vorhabens zu be-
merken nicht fähig, und noch minder in ein ganzes zusammzusetzen im Stande sind; wodurch
allein das wahre Ordenssystem erst recht sichtbar
werden kann.

Fürwahr auf solche Weise geht die liebreiche
Absicht der gütigen, Weishaupt schon zweyma-
len, einmal durch Schröcken des Blitzes, das
anderemal durch Schand und Glückessturz, vä-

E 5   terlich

terlich warnenden Vorſicht Gottes wiederum unfruchtbar ab; und der drohenden Gefahr ſeines noch nicht weggelegten heimlichen Projekts iſt bey ſchon vorhergegangener ſo großen Anſteckung unſrer beſten Jugend auch nicht einmal obenhin geſteuert.

So ſey es dann! ſo traurig ſo eine Arbeit iſt, und ſo hart ich an ſelbe gehe, ſo will ich, aus, ohne Vergleich, überwiegender Liebespflicht eine Menge unvorſichtiger Nebenmenſchen vor einer wahren Peſtanſteckung zu ſchützen, die Mühe übernehmen die Hauptzüge des feinen Projektes unſers neuen Ordensſtifters allein aus den ſo authentiſch von Weishaupt ſelbſt anerkannten Ordensoriginalſchriften und deren Nachtrage zuſamm zu ſammlen. Leider! wird daraus ein bey allen rechtſchafenen wahren Chriſten Abſcheu erweckendes Gemählde entſtehen; durch welches, wie bey aller Nothwehre, dem ins Liecht geſtellten Feinde der wahren chriſtlichen Religion, dem Feinde des Staates, dem Verführer unſrer beſten Jugend, kurz, dem entlarvten Tugendlehrer, wehe, ſehr wehe geſchehen muß. Aber nur der durch keine Unfälle noch gebändigten Hartnäckigkeit ſeines Sinnes im Böſes thun

thun schreibe er es zu, daß ich wider alle meine
Neigung ihm so wehe thun muß.

§. I.
Weishaupt ist ein heimlicher Feind der ganzen wahren christlichen Religion.

Weishaupt will uns zwar weiß machen, die
Freymaurerey überhaupt, und die Illuminaten
insbesondere, haben sich zu unsren Zeiten immer von aller Einmischung in Religionswesen
enthalten. Er sagt es dreust in seiner vollstän-
digen Geschichte der Verfolgung der Illuminaten in Baiern S. 63., und bekennt da selbst
recht heuchlerisch, „es sey nichts mehr dem Miß-
brauche ausgesetzt, als unter den Mantel der
Religion sich stecken; .... deßwegen wollten
sie die Menschen lieber jederzeit so nehmen, wie
Staat und Kirche sie liefert, als in die Rechte
dieser letzteren eingreifen, und sich der Gefahr
des Misbrauches einer so heiligen Sache aus-
setzen. In diesem Geiste, sagt er ferner, haben
auch die Illuminaten bey der Empfehlung aller
Eigenschaften, die sie ihren Zöglingen machten,
Theologie und Jurisprudenz durch die allgemeinen

nen Statuten ausgeschlossen, und überließen es dem Staate, und der Kirche, für das nothwendige und schickliche in diesen Punkten zu sorgen'. Man lese daselbst noch mehr von gleicher Heucheley, und besonders mit welcher Dissimulation Weishaupt den ihm gemachten Vorwurf der Irreligion in seiner Apologie der Illuminaten S. 103. allein durch einen Zornausguß über die unduldsame Verfolger der Irreligiösen sich rechtfertiget.

Und nun lese man aber, was im 3ten Briefe des Spartacus an Cato in den Originalschr. S. 210. steht, und greife den Heuchler mit der Hand im Sacke, da er schreibt: „Mit Staats- und Religionsbüchern müssen wir bey Anfängern behutsam seyn. Ich habe solche in meinem Plan für die höheren Grade aufbehalten: dermalen offenbare man keine andere, als Moralisten und raisonirende Geschichtschreiber. Die Moral vor allen muß der Hauptgegenstand seyn. Robinet (Ha: da ist er schon der Lieblingsauthor des großen Chef) Mirabaud, Systeme Social, Politique naturelle, Philosophie de la Nature und dergleichen sind weiter bestimmt, und dermalen sorgfältig (NB.)
zu

zu verbergen. So wie auch besonders Helvetius de l'homme. Hat ihn schon einer, so rühmt man und schilt ihn auch nicht. Reden sie auch nichts von dergleichen Materien zu den initiierten: - - - weil die Leute noch nicht gehörig präparirt sind, und dieß soll erst in unteren Klassen geschehen, die sie zu durchlaufen haben". Ebendas. S. 333. heißt es: "Die anderen Materien, Politic, Staats-Religionssachen, wären auf eine andere Einrichtung (nämlich höherer Grade) vorzubehalten". Endlich schreibt ja im 4ten Briefe ibid. S. 215. Spartacus dem Cato in kurzem sein ganzes Ordens-Dessein mit diesen Worten: "Unterdessen will ich ihnen doch en detail meine dermaligen Gedanken schreiben. Mon but est faire valoir la raison. Als Nebenwerk betrachte in unserm Schutz, Macht (NB. unsre Macht, nicht nur der Tugend Macht,) sichern Rücken von Unglücksfällen. - - - Sie können also wohl denken, daß wir es mit dem Pedantismo. - - Intoleranz, Theologie, und Staatsverfassung werden zu thun haben. Dazu kann ich die Leute nicht brauchen, wie sie sind (also NB. nicht wie sie die Kirche und der Staat liefern) sondern ich muß sie erst bilden. Und jede vorhergehende Klasse

Klaſſe muß die Prüfungsſchule für die künftige ſeyn. - - In der nächſten Klaſſe - - - in ſpecie mache ich jeden zum Spion des andern, und aller. Darauf werden die Fähigen zu den Myſterien herausgenommen. - - Anbey wird gearbeitet an Erkenntniß und Ausrottung der Vorurtheile. Dieſe muß jeder anzeigen, v. gr. monatlich, welche er bey ſich entdecket? wie weit er in Beſtreitung derſelben gekommen iſt ꝛc. dieß iſt bey uns eben ſo viel, was bey den Jeſuiten die Beicht war. Aus dieſen kann ich erſehen, welche geneigt ſind, gewiße ſonderbare Staatslehren, weiters hinauf Religionsmeinungen, anzunehmen. Und am Ende folgt die totale Einſicht in die Politic und Maximen des Ordens. In dieſem obern Conſeil werden die Projekte entworfen, wie den Feinden der Vernunft und Menſchlichkeit (NB. verſtehe den Feinden der Ordensprojekte) nach und nach auf den Leib zu gehen ſey. - - Von den Myſterien ein Beyſpiel zu geben, ſo gehörte in den eleuſiniſchen Geheimnißen die Lehre von der Einheit Gottes in die Myſterien. (NB. das iſt, die Myſterien aller geheimen Orden treffen die Religion an). Um dieß kümmern ſie ſich nicht. Sie werden nach und nach eine eigene **Moral, Erziehung,**
Sta-

Statistic und Religion entstehen sehen". Nun wissen wir, wohin Weishaupt mit seiner Ordensstiftung zielte, aber welche unverschämte Heuchelei! Weishaupt, der nicht so was vermuthete, was den 11ten Oct. 1786. geschehen, schreibt noch kurz vor selber Zeit, sein Orden mische sich nichts in Staat und Religion, sondern nehme alle an, wie sie Staat und Kirche liefern. Wir werden bald sehen, daß sich alle seine schon anfangs entworfenen Mysterien der höheren Ordensgrade mit greulicher Bosheit auf Religion und Staat hauptsächlich beziehen. Von diesen schreibt er S. 227. (Origin.) an Cato also: „Von den Mysteriis will ich ihnen indessen so viel sagen, daß ich alle meine Erfindungskraft, Philosophie und Eloquenz, darauf verspahre; und ich will auch solche so einrichten, daß es (NB.) ein geübter Kenner seyn muß, der mir die *Neuheit* daran sieht, und daß jeden die Feyrlichkeit davon freuen und anziehen soll". S. 223. schreibt er seinem Cato vom Marius also. „Von Religionsabsichten muß er noch verschonet werden. Sein Magen ist noch nicht gänzlich eingerichtet, diese starke Speise zu verdauen".

S.

So ist es dann gewis, Weishaupt hätte zur Hauptabsicht seines Ordens, mittels selben eine neue Religion auszubreiten; in den ersteren Klassen die Subjekte dazu vorzubereiten und die hiezu taugliche durch Spioniren auszuwählen, in den obern Graden des Ordens aber die neuen Religions-Mysterien alle fähigen zu lehren, solche mit Feyrlichkeit auszuüben ꝛc. Nun bräuchen wir nur noch diese Haupt-Mysterien seiner vorgehabten neuen Religion was näher von ihm selbst bestimmet zu vernehmen.

Diese sind zum Theile in dem, von Weishaupt selbst entworfenen kleinen Priestergrade des Ordens enthalten, so wie Philo (im Nachtrage der Orig. Schriften S. 104.) uns die Hauptgrundsätze desselben in seinem Briefe an Cato erzählet mit folgenden Worten:

Nun kam es auf die Grundsätze an, welche man in diesen Graden lehren müßte, um im Systeme fortzurücken. Nun hat jetzt die Betrügerey der Pfaffen fast alle Menschen gegen die christliche Religion aufgebracht, aber zu eben der Zeit reißt wieder die ärgste Schwärmerey ein. Um nun auf beyde Klassen von Menschen zu würken, und sie zu vereinigen, müsse man eine

Er-

Erklärung der christlichen Religion erfinden, die den Schwärmer zur Vernunft brächte, und den Freygeist bewege nicht das Kind mit dem Bade auszuschütten, dieß zum Geheimniß der Freymaurerey machen, und auf unsre Zwecke anwenden. Von einer anderen Seite haben wir es mit Fürsten zu thun. Indeß der Despotismus derselben täglich steigt, reißt zugleich allgemeiner Freyheitsgeist aller Orten ein. Also auch diese beyden Extrema müssen vereinigt werden. Wir sagen also: (NB. Höre, wer Ohren, versteh es, wer Verstand hat) Jesus hat keine neue Religion einführen, sondern nur die natürliche Religion und die Vernunft in ihre alten Rechte setzen wollen. Dabey wollte er die Menschen in ein größeres allgemeines Band vereinigen, und indem er die Menschen durch Ausbreitung einer weisen Moral, Aufklärung, und Bekämpfung aller Vorurtheile, fähig machen wollte sich selbst zu regieren; so war der allgemeine Sinn seiner Lehre (NB.): allgemeine Freyheit und Gleichheit unter den Menschen wieder ohne alle Revolution einzuführen. Es lassen sich alle Stellen der Bibel darauf anwenden und erklären, und dadurch hört aller Zank unter den Sekten auf, wenn jeder einen

nen vernünftigen Sinn in der Lehre Jesu findet; es sey nun wahr oder nicht (NB.). Weil aber diese einfache Religion nachher entweyht wurde, so wurden diese Lehren durch die Disciplinam Arcani und endlich durch die Freymaurerey auf uns fortgepflanzet. . . . . . . Da nun hier die Leute sehen, daß wir die einzigen ächten wahren Christen sind, so dürfen wir ein Wort mehr gegen Pfaffen und Fürsten reden. Doch habe ich dieses so (NB. so hinterlistig) gethan, daß ich Päbste und Könige nach vorhergegangener Prüfung in diese Grade aufnehmen wollte. (In den höheren Mysterien sollte man dann a) diese piam fraudem entdecken, und b) aus allen Schriften den Ursprung aller religiösen Lügen (andächtig;) und deren Zusammenhang entwickeln, c) die Geschicht des Ordens erzählen".

Nun diese verhunzte und nagelneue Bestimmung der Lehre Jesu Christi, und der Absicht seiner Erscheinung in der Welt, ist eine sichere Erfindung Weishaupts; sie ist sein Geburt, nicht eines Philo oder Cato. Denn diese nahmen nur dieses saubere Adamskind als Pathen in fernere Verpflegung auf, machten kleine Beyträge für seine Wiege, und empfahlen es ihren
schon

schon wohl præparirten Eleves. Spartacus erklärt sich ja oft genug in seinen Briefen an Cato als Vater dieses Kindes, und betheurt oft, wie viel Studieren ihm die Erfindung und Ausarbeitung der höheren Grade des Ordens, das ist, der in selben mitzutheilenden Mysterien koste. Philo ist in eben seinem angeführten Schreiben Zeuge davon (S. 106.), da er schreibt: „Nachdem der Presbyter und Princeps fertig waren, schickte ich das Concept an Spartacus mit der Bitte, es an alle Areopagiten herumzusenden (ich hatte fast nichts gethan, als alle ihre verschiedenen Beyträge zusammengetragen, das mehreste war von Spartacus, ja fast alles) ich bekam aber in langer Zeit keine Antwort, meine Papiere nicht zurück. Endlich schrieb mir Spartacus, Mahomet habe zwar manches zu erinneren, doch wolle er schon sorgen, daß die Grade also angenommen werden".

Allein halten wir uns bey Außenwerken nicht länger auf, sondern dringen gerade zu ins neue Illuminaten-Heiligthum mit dem neuen Pontifex frey hinein, und vernehmen die ersten Mysterien des Ordens aus seinem eigenem Munde; obschon ohne den Feyrlichkeiten, mit denen

Weishaupt selbe den wohl präparirten Subjekten bey ihren Avancement in die höhere Ordensgrade anzukündigen wollen, sich S. 244. und S. 331. erkläret. Die in der zwoten Abtheilung des Nachtrages von neuen Originalschriften enthaltene, von Weishaupt selbst verfaßte Anrede an die neu aufzunehmenden *Illuminatos dirigentes* enthaltet die ganze Hauptsache davon S. 98. mit folgenden Worten".

„Die Moral (jene nämlich, welche nach dem Hauptzwek seines Ordens S. 96. dem Menschen seine Freyheit geben, Aberglauben und Despotismus zerstören soll) muß die so sehr bekannte, vom Eigennutz misbrauchte, mit so vielen Zusätzen vermehrte, und ihrem wahren Sinn nach blos in Geheim fortgepflantzte, und auf uns überlieferte göttliche Lehre Jesu und seiner Jünger seyn. Dieser unser grose und unvergeßliche Meister Jesus von Nazareth erschien zu einer Zeit in der Welt, wo solche in allgemeinem Verderbniß lag, unter einem Volk, das den Druck der Knechtschaft von undenklichen Zeiten am nachdrücklichsten fühlte, und auf seinen von Propheten vorher verkündigten Erlöser hoffte. . . Dieses Volk lehrte er die Lehre
der

der Vernunft, und um sie desto wirksamer zu machen, machte er sie zur Religion, benützte die Sage, die unter dem Volk gieng, und verband solche auf eine kluge Art mit der dermalen herrschenden Volksreligion und Gebräuchen, in welche er das innerliche, und wesentliche seiner Lehre verborgen". Jezt folgt von S. 99. bis in die Mitte der S. 101. eine beredtsame Ausführung der von Jesu empfohlenen Gebothe der Liebe Gottes und des Nächsten; aber bald wird der höhere und so klüglich verborgene Sinn der Lehre Jesu S. 101. dieser recht fein angegeben: „niemand hat den Menschen den Weg zur Freyheit so sicher und so leicht gebahnt, als unser große Meister Jesus von Nazareth. Diesen geheimen Sinn und natürliche Folge seiner Lehre hat er zwar im Ganzen verborgen; denn Jesus hatte eine geheime Lehre, wie wir aus mehr dann einer Stelle der Schrift ersehen. . . . So geheim er aber auch den wahren Sinn seiner Lehre vor der Menge gehalten, so hat er solchen doch durch seine Reden und Thaten an verschiedenen Stellen geoffenbahret". — — Endlich nach einem blendenden Vorgang erscheint dieser höhere klüglich verborgene Sinn der Lehre Jesu S. 104. am Ende in diesen Worten des Erlösers: So

D 3 ihr

ihr bleibet werdet an meiner Rede, so seyd ihr meine rechten Jünger, und werdet die Wahrheit erkennen, und die Wahrheit wird euch frey machen. – – Er selbsten lebte mit seinen Jüngern in Gleichheit der Güter". Und nun folgt S. 106. der volle Aufschluß des ersten Geheimnißes. „Wenn nun der Geheime durch die Disciplinam arcani aufbehaltene, und durch seine Reden und Thaten selbst hervorscheinende Zweck seiner Lehre war, den Menschen ihre ursprüngliche Freyheit und Gleichheit wieder zu geben, und ihnen den Weg dazu zu bahnen, so werden nunmehro viele vorhin unverständliche und widersprechende Dinge (in der Lehre Jesu) begreiflich und sehr natürlich. (z. B.) Nun begreift man also (was sonst Weishaupten unverständlich und widersprechend wäre) in wie fern Jesus der Erlöser und Heiland der Welt seye. Nun klärt sich die Lehre von der Erbsünde, von dem Falle des Menschen, von der Wiedergeburt auf. Nun weiß man, was der Zustand der reinen Natur, der Zustand der gefallenen Natur, und das Reich der Gnade sey. Da der Mensch aus dem Stande seiner ursprünglichen Freyheit getretten, so hat er den Stand der Natur verlassen,

sen, und an seiner Würde verlohren. - - -
Menschen in Staaten leben also nicht mehr im Stande der reinen, sondern der gefallenen Natur. Wenn sie . . . ihre ursprüngliche Würde wieder erhalten, so ist dieß ihre Erlösung, der Zustand der Gnade. Dazu gelangen sie vermittels der Sittenlehre, und die vollkommenste dahin führende Sittenlehre hat Jesus gelehret. Wenn diese Verbreitung der Moral, die Lehre Jesu, allgemein wird, so entsteht auf Erden das Reich der Frommen und Auserwählten. Die in welchen diese Gnade wirkt, sind die Erleuchteten, Illuminati: ein Name mit welchem in der ersten Kirche alle Christen nach der Taufe, hiemit alle Glaubigen belegt wurden. - Aber diese Lehre Jesu, wenn sie nicht durch Disciplinam arcani aufbehalten worden, wäre bald gänzlich vergessen worden. . . . . Die alten und neuen Anhänger Jesu mußten sich (wegen dem Despotismus der Fürsten und der Priester) nunmehro zweymal geheim halten. Sie verbargen ihre Lehre dahero unter die Hülle der Freymaurer, und feyerten unter Hierogliphen das Angedenken ihres großen Lehrers, und erwarteten sehnlichst die Zeit, wo sie in ihre ersten

Rechte

Rechte und ursprüngliche Reinigkeit brächten, und der Welt im vollen Licht erscheinen möchten.

Nun lasset uns die, ohnehin sehr wenigen Sätze dieses nahelbeuen Christenthums deutlich zusammnehmen. Jesus von Nazareth hat, nach Weishaupt, keine neue Religion einführen, sondern nur die natürliche Vernunft in ihre alten Rechte setzen wollen (Nachtrag S. 105.). Er lehrte also nicht, daß er selbst wahrer Gott, ein natürlicher Sohn Gottes, und doch zugleich Mensch, wäre. Er gab sich zwar oft genug für den Sohn Gottes aus. (S. 103. der zwot. Abtheil, des Nächtr.) durch die wahre innige Bruderliebe werden wir wahre Söhne Gottes, wenn wir diesen Willen des Vaters thun. Das Jesus es allein that, und im hohen Grade that, dahin er den Vater allein, weit allein, sein geliebter, eingebohrner Sohn. Jesus foderte nur Liebe Gottes und des Nächsten, durch seine uns nur gelehrten Gebothe Gottes, (S. 99. b. 16. heißt es ausdrücklich): mehr foderte er von keinem.) also nicht übernatürlichen Glauben an sein persönlich göttliches Wort, nicht Hoffnung auf die unveränderliche Treue göttlicher ausdrücklichen Versprechen und

auf

auf die Kraft seiner Verdienste, als unsers Mitt-
lers, nicht Anbethung seiner göttlichen Hochheit ꝛc.
sondern er weckte nur die natürliche Vernunft
auf, über Schöpfer und Geschöpfe nach ihrem
eigenen Vermögen richtig zu denken und zu handeln? Er errichtete keine sichtbare Kirche sondern
nur eine unsichtbare der Maurerey, dero Meister und Gesellen die einzigen ächten und
wahren Christen sind? Kein Kirchenregiment,
keine Sakramente? In den ersten Originalschr.
S. 319. schreibt Spartacus seinem Marius
von allen Sakramenten und Cerimonien der katholischen Kirche überhaupts also: „Nehmen
sie der katholischen Religion den Pracht ihrer
Kirchen, die Musik, die besonderen Kleidungen,
die häufigen und im kleinsten gut ausgedachten
Ritus, v. gr. bey der Priesterweihe, bey dem
öffentlichen Gottesdienst und Aemtern: so werden sie sehen, daß alles das, was so viel Auf-
sehens und Eindruck machet, im Grunde gar
nichts ist.“ Kurz, die Erbsünde ist der Stand,
der die Menschen ihrer ursprünglichen Freyheit
beraubet, in Staaten lebens, und so fern ist Jesus ihr Erlöser, weil er durch die Kraft seiner
Moral sie hinführet, sich wieder von solchem Joch

zu entschütten, und in die alte Freyheit zu setzen (Nachtr. S. 105. und in der zwoten Abtheilung S. 106.).

Lasset uns jetzt sehen, wie Weishaupt mit dieser seiner vorgegebenen Erfindung (es ist im Durchschnitte der reine Socinianismus) selbst vor seinen Mitmeistern groß thut, und der blöden Köpfe spottet, welche nicht zu merken schienen, wie sehr er das Christenthum verhunzte. „Ich glaube nun selbst beynahe (so schreibt er an Cato S. 68. Nachtr.) daß, so, wie ich es erkläre, es wirklich die geheime Lehre Christi war, die Freyheit auf diese Art unter den Juden einzuführen: Ich glaube selbst, daß die Freymaurerey verborgenes Christenthum ist; wenigstens passet meine Erklärung der Hieroglyphen vollkommen dahin, und auf diese Art, wie ich das Christenthum erkläre, darf sich kein Mensch schämen ein Christ zu seyn; denn ich lasse den Namen, und substituire ihm die Vernunft. Es ist doch wirklich keine kleine Sache, eine neue Religion, Staatsverfassung, und Erklärungen der so dunkeln Hieroglyphen in einen Grad so passend zusamm zu drängen". Auf S. 76. des Nachtr. schreibt er wiederum an Cato: „Sie können nicht glauben, wie unser Priestergrad

stergrad bey den Leuten Auf- und Ansehen erweckt. Das wunderhafteste ist, daß große protestantischen und reformierten Theologen, die vom Orden sind, noch dazu glauben, der darinn ertheilte Religionsunterricht enthalte den wahren und ächten Geist und Sinn der christlichen Religion. O Menschen! zu was kann man euch bereden: hätte nicht geglaubt, daß ich noch ein neuer Glaubensstifter werden sollte". Man lese noch, was er in eben diesem Tone auf S. 38. lin. 25. schreibt, und nun sage man mir, welche ist denn die Sprache des muthwilligsten Heuchlers, wenn diese es nicht ist, mit welcher Weishaupt hier mit dem, was jedem ehrliebenden das heiligste seyn muß, so ein frevelhaftes Spiel wissentlich treibt? Daß Herr Weishaupt unter potestantischen Gelehrten mit seiner Misgeburt Approbation fand, sollte ihn gar nicht wundern, wenn er auch nur in der Geschichte der Theologie und der heutigen Gelehrsamkeit bewandert wäre. Doch ist es nur eitle Ruhmsucht, da er sich für den Erfinder seines schon uralten Illuminaten Systems bey seinen eben so unbelesenen Konsorten ausgiebt.

Unterdessen hat man gute Ursache zu glauben, daß er und diese bey dieser obschon so sehr verhunzten

hunzten Christenthumslehre in ihrer Ordens-Direction keineswegs selbst stehen zu bleiben gesinnet waren. Ueber diesen kleinen Priestergrad gestehen sie selbst einander in ihren Briefen, daß sie einen höheren Religionsgrad Magus genannt hatten (S. 198. im Nachtr.), der zwar im Jahr a. 1783. einem Philo noch nicht bekannt, das ist, ihm noch nicht eröffnet, aber von dem Meister Spartacus sicher schon lang entworfen war. Denn da dieser (ibid. S. 68. am Ende.) sich eitel genug rühmt, daß er eine neue Religion, Staatsverfassung, und Erklärung der so dunkeln (maurerischen) Hieroglyphen in einen Grad (in den kleinen Priestergrad) so passend zusamm gedrängt habe; fährt er gleich großsprechend fort: „Man sollte glauben, es wäre das größte; und doch hab ich noch drey größere ungleich wichtigere Grade für die höheren Mysterien schon fertig da liegend. — Diese aber behalte ich für mich, und ertheile sie blos allein bene meritis; es mögen solche Areopagiten seyn, oder nicht.„ O! wenn Weishaupt die bene meritos seines Ordens noch um 3. oder gar 4. Grade in der Religion höher über sein verhunztes Christenthum erhoben hätte! so wurd er sicher mit ihnen unter einen electrischen Blitz

oder

oder Illumination gar zum obersten Doch seiner feurigen Religionstempel hinausgefahren seyn. Es ist bey ihm kein Ende des Rühmens über diese seine höheren Grade. S. 95. lin. 9. heißt es a. 1783. den 7ten Febr. wiederum: „über diesen Graden hinaus habe ich noch 4. Grade schon componiret, wo gegen den schlechtesten der Priestergrad Kinderspiel seyn soll. Doch theile ich sie Niemand mit, bis ich sehe, wie die Sach gehe, und wer es verdient: lasse mir auch nichts darinn corrigieren": He! wo hinaus wird dieß endlich noch gehen? O das ist leicht zu errathen. Man lese nur noch einmal, was S. 106. Ibid. lin. 3. steht: „In den höheren Mysterien sollte man dann a) die piam fraudem (des kleinen Priestergrades) entdecken, und b) aus allen Schriften den Ursprung aller religiösen Lügen, und deren Zusammenhang entwickeln": Das ist, alle Religion mit Bußen und Stiel ausrotten!

Ohne Zweifel mußten die ersten Lieutenants des Ordensstifter wenigst überhaupt schon von diesen höheren Religionsgraden; ob sie schon die Art und das Formular der feyerlichen Entdeckung solcher Mysterien erst vom Stifter erwarteten: Denn Philo schreibt am 20. Dimeh. (Jäner).
a. 1783.

a. 1783 an Cato S. 182. Nachtr.: „Ich bat um Festsetzung höherer Directionsgrade, nämlich a) einen kleinen Priestergrad zur scientifischen Direction, und einen b) kleinen Regentensgrad zur politischen. Alsdenn, dachte ich, können wir die sogenannten größeren Mysterien noch immer für uns behalten, uns dahinter verstecken, und das ganze Gebäude anderen Händen überliefern. Auch Cato und andere Chefs waren zu diesen höheren Geheimnißen sicher schon initiirt: wie es der (S. 41. Nachtr.) ihnen vom Spartacus schon mitgetheilte Grad vom Patriarchalleben genug anzeiget. Denn wie Gemüthserhebend dieser müsse beschaffen gewesen seyn, läßt sich genug aus dem merken; weil Spartacus selbst fürchtet, ob er nicht etwa durch so feste Zurückhaltung seiner Handschrift von diesem Grade von seinen eigenen erhabenen Religionsgenossen wolle vinculiret werden.

Wie endlich in Summa das Weishauptische wahre Religionssystem möge ausgesehen haben; läßt sich am gewißesten aus den Büchern errathen, da er an so vielen Stellen eben die für Jugend allergefährlichsten, und selbst den Sitten derselben nachtheiligsten, seinen ersten Eleves vorschlägt.

ſchlägt. Iſt wohl unter dieſen auch nur eines, aus dem junge Witzlinge bey den wenigen Guten, was ſie darinn finden mögen, nicht in Gefahr ſtehen das allerböſeſte aus allen, das iſt, Verachtung der Religion und der Pflichten gegen den Staat, um ſo gewiſſer zu lernen, als ſie zu ſolcher Erlernung weit aufgelegter als zu jedem Guten ſind. Und wenn dem Spartacus ſo ernſt war, Jeſus von Nazareth für den erſten Meiſter und Erfinder der hohen Religions-Myſterien des Illuminatiſmus anzugeben, oder ſeine Zöglinge zur eigentlichen Moral dieſes Erlöſers vorzubereiten; warum gab er ihnen nicht doch wenigſt das Evangelium und die Schriften ſeiner erſten Jünger zum Muſter in die Hand? Warum empfiehlt er ihnen niemals etwas von dieſen? Wären dieſe nicht fähiger ihre Seelen zu erheben als Paſſedows, jenes Baumeiſters des erſten Deiſtentempels unter Chriſten, Seelenerhebende Bücher?

Nun mein Herr Hofrath Weishaupt! über dieſes an die allgemeine Religion aller noch wahren Chriſten, an die heiligſte Religion ihres Vaterlandes, gewagte, hinterliſtige, und frevelhafte Attentatum geben ſie dem noch ſtaunenden

den Publikum Rechenschaft. Sie mögen es aus was immer für einem Triebe (sollte es auch vermeinte Ueberzeugung seyn) unternommen haben; so ist es wenigst der Betrügereyen halben, deren sie sich dazu wirklich in so einem Geschäfte gegen das halbe Deutschland gebraucht haben, viel niederträchtiger und bösartiger, als ihre in Geheime begangene Blutschande und versuchter Kindsmord. Hatten sie denn so eine Art vom Jesus von Nazareth selbst gelernet, der seine Jünger nur jene Sprache gelehret hat: *Sit sermo vester, est, est; non, non!* Matth. V. 35. Mit welcher Frechheit lügen sie ein ganzes christliches deutsches Reich an, da sie in ihren Apologien und Rechtfertigungen so unverschämt noch vorgeben, sie hätten bey der ganzen Stiftung und Einrichtung ihres Ordens sich nichts in das Religionswesen eingemischet? Hatten sie nicht so gar eine Volksreligion zu bearbeiten ihren Magis anbefohlen (Nachtr. zwot. Abtheil. S. 14.)? Mit welcher frechen Stirn freuen sie sich in ihrer Einleitung zur neuen Apologie S. 4. über die obrigkeitliche Bekanntmachung der vorgefundenen Schriften als eine für ihre Ehre- und Tugendrettung wohlthätigste Erscheinung? Eben in dieser Einleitung bekennen sie

S. 14.

S. 14., daß sie erst a. 1780. vom Naturalismus und Materialismus zur Erkenntniß der Offenbahrung zurück gekommen sind, und berufen sich sogar auf ihren in den ersten Originalschriften stehenden Brief, wo sie von einem endlich neu erfundenen System des Idealismus Meldung thun. Allein im Nachtrage (den sie nun nimmermehr vermutheten) erscheinen ferner Handschriften von ihnen, welche sich von a. 1782. und a. 1783. (im Nachtr. S. 68. S. 95. S. 106. 108. 41. 76.) unterzeichnen, und doch alle noch die unverwerflichste Zeugniß in sich enthalten, daß ihre höheren Mysterien des kleinen Priestergrades, des Magus, alle auf die Unterminirung des ganzen Christenthums eigentlich abstelten. Ihre Recesse mit den Areopagiten, ihre Provinzialinstruction, ihre Anrede an die Illuminatos dirigentes sind ihrem eigenen handschriftlichen Geständniß nach erst nach a. 1784. von ihnen herfürgebrachte Mißgeburten; und diese enthalten erst recht vollständig alles Gift über Religion und Staat, das man ihnen hier nun so zur Last legt. Was ist also von ihrem so lügenhaften Bekenntniß der Thorheiten ihrer Jugend, und dem so heuchlerischen Vorgeben ihres Zurückkommens davon schon seit a. 1780.

E (S. 42.

(S. 42. der Einleit. zur Apol.) zu halten? Wie viel sollen wir selbst von ihrer Sittlichkeit bis auf eben solche Zeitepoche halten, da sie noch a. 1783. in ihrem Vorschlage (Nachtr. zwote Abtheil. S. 7.) den berufenen Alex. v. Joch totis viribus zu studiren allen Areopagiten wegen der besseren Aufklärung der ihnen mitgetheilten Sätzen rathen mit dem herrlich empfehlenden Beysatze: in diesem Buch ist Weisheit. Also denn! um die mitgetheilten Sätze klärer einzusehen diente den Areopagiten Alex. v. Joch, der ein lebendiger Fatalist und gröbste Materialist ist? und in so einer Lehre ist Weisheit enthalten? O tempora!

Nun Verantwortung über so was, Herr Hofrath! aber ohne mehr auf einen Hinterhalt des noch nicht ganz entdeckten Geheimnißes sich zu verlassen. Beweisen sie uns, daß sie bis a. 1784. nicht zur Absicht, und zwar zur Hauptabsicht gehabt haben, alle Religion sammt dem Staate im Deutschland umzustürzen. Ich sage sammt dem Staate. Denn

§. II.

§. II.
Weishaupt ist ein heimlicher Feind des Staates.

Ueberzeugende Merkmahle stehen hievon in folgenden Stellen des Nachtrages; so sehr Weishaupt, wie schon oben im Anfange des §. I. hier gemeldet worden, dawider ebenfalls protestiret, daß er in den Staat sich einzumischen jemals eine Absicht mit seinem Orden gehabt habe. Nachtr. S. 102, ist von einem Regentengrad und Princeps (S. 106.) im Gegensatze mit dem kleinen Priestergrade im Orden, und S. 104. von einem dem Magus entgegen stehenden Rex, die Rede. Den Innhalt der Weishauptischen Provinzial-Instruktion über den Regentengrad habe ich von der S. 104. schon ebenfalls im §. I. S.   hier angeführt. Aber der ganze erste Theil der Anrede an die Illuminatos dirigentes ist davon voll. Hier wird erstens die Unterwerfung seiner Freyheit gegen Regenten des Staas für den Verlurst der Würde des Menschens und als eine Folge unnöthiger

Bedürfniße angegeben (S. 57.). Doch heißt es S. 58.: „alle Unterwerfung sey nur bedingt auf den Fall, daß ich Hilfe nöthig habe, daß der, dem ich mich unterwerfe, mir sie zu leisten im Stande sey. Mit meiner Schwäche und mit der Ueberlegenheit des andern hört seine Gewalt auf. . . Wenn die Nation volljährig ist, so fällt der Grund ihrer Vormundschaft hinweg. Wenn der größere Theil noch minderjährig ist, so tretten zwar die volljährigen aus; aber sie haben dabey kein Recht, die übrigen wider ihren Willen ihrer vorigen Vormundschaft zu entreißen, und sich an seine Stelle aufzuwerfen". Nun was will das alles? Wer sich also, wie Weishaupt, und seine Mitregenten, für volljährig hält; wer glaubt, er habe des Regenten Hilfe nicht mehr vonnöthen, oder dieser könne, oder wolle ihm die nöthige Hilfe nicht leisten, dessen ohnehin nur auf diesem Falle bedingte Unterwerfung gegen selben und dem Staate hört von Stunde an auf? Er tritt als Volljährig aus? Er hat zwar deßwegen kein Recht andere noch nicht so volljährigen wider ihren

Wil-

Willen dem Gewalt ihres vorigen Regenten zu entziehen, und sich selbst über sie zum Regenten aufzudringen: aber doch hat er freyes Recht einen geheimen Orden aus seines gleichen eben so volljährigen Unterthanen des nämlichen Staates zu errichten, welche sich zum Hauptzweck machen durch vorgegebene Aufklärung eine wie immer große Menge der Nation, und zulezt die ganze Nation eben so volljährig zu machen, wie sie sind, und selbe folglich in den Fall zu setzen, daß auch bey ihr durchaus die nur bedingte Unterwerfung aufhöre? S. 60. heißt es: „um sicher zu seyn, haben sie (die Menschen) einem einzelnen Menschen eine Stärke beygelegt: ... um sicher zu seyn haben sie sich die Sicherheit selbst benommen; dieser ist der Fall mit unsern Staaten. Wo finden sie nun diese Stärke, die sie gegen die andere schützen soll? In ihrer Einigkeit? Aber dieser Fall ist selten. — Also in neuen, engern, klügern, geheimen Verbindungen; daher das Verlangen nach solchen in der Natur selbst gegründet".

Nun so mögen es sich also die Fürsten merken, wozu die geheimen Gesellschaften vorzüglich angesehen sind; wie schön diese durch ihre charlataneries ihre große Absichten zu verdecken wissen. Und wenn bey selben so eine Religion daneben hergeht, wie die Illuminatenreligion ist, so mögen sie sich wohl viel Gutes von ihnen versprechen. S. 61. heißt es ferner: „die Natur hat die Menschen in die Staaten vereiniget: aus den Staaten treten wir in neue klüger gewählte (NB. so ist also der Illuminatenorden doch auch ein Staat, wovon denn Weishaupt Rex war?) aber nicht um dereinst den alten Zirkel wieder zurück zu machen, sondern um unsre weitere Bestimmung näher zu erfahren. Die Folge soll alles noch deutlicher erweisen". Wer ist jezt nicht begierig diese Catastrophe nach so weit umschweifender Peripetie zu vernehmen? Geduld! In folgender Seite 62. wird der Stand des bürgerlichen Lebens für den eigentlichen Stand der Erbsünd in vollem Ernste angegeben; die Theocratie des jüdischen Staates wird kurzum für eine Erdichtung des Moses und

und anderer deſſen Regenten erkläret; und S. 63. wird Nationaliſmus und Patriotiſmus zu Folgen der Erbſünde, zu lauter, die Gerechtigkeit und Menſchheit beleidigenden, vom Staate unzertrennlichen Uebeln gemachet; ja S. 67. werden ſie als Feinde der ordentlichen allgemeinen Menſchenliebe und als Urheber des allgemeinen Völkerhaſſes und beſonders der Intoleranz angegeben. Nach dieſen geht es S. 68. über die Fürſten der Staaten, als lauter Despoten, die ihre Reiche als Patrimonia anſähen und behandeln (S. 72.). Sittenloſigkeit der Fürſten, willkührlicher Gebrauch ihres Gewalts, Faulheit, Schwelgerey ꝛc. kurz alle Laſter einer böſen Regierung, werden in den abſtrakten allgemeinen Begriff der Staatenregierung zuſammgeſammelt. S. 75. wird zwar als ein Mittel dafür anerkennet, daß man keinem im Staate zu viel Gewalt übertrage; aber dieſe Einſchränkung der Gewalt ſey ſo wenig ein hinlängliches Mittel, als die Aenderung der Perſon des Tyrannen, als die populariſche Verfaſſung, und Oligarchie, den Despotismus aus dem Staate zu entfernen (S. 76. 77.). Das eingeführte Gleichgewicht der Staaten habe das Recht Unterthanen zu drücken und willkührlich zu regieren erst recht befestiget, und die Rebellionen seltner gemacht. Die Aufklärung allein (S. 79.) sey das Mittel die Regierung vernünftig zu machen, den Menschen ihre ursprüngliche Rechte wieder zu geben, und die Gelegenheit endlich zu verschaffen über ihre bisherige Unterdrücker einen ewigen Sieg zu erfechten. Um aber diesen Sieg der Aufklärung zu erhalten und daurhaft zu machen, seyn die geheimen Weisheitsschulen die einzigen Mittel (S. 80.). Durch sie werde der Mensch von seinem Falle sich erheben, (NB. NB.) Fürsten und Nationen werden ohne Gewaltthätigkeit von der Erde verschwinden, das Menschengeschlecht wird dereinst eine Familie und die Welt der Aufenthalt vernünftiger Menschen werden".

Hier sieht man schon weit in das Profil des Illuminatismus; allein wir haben noch viele finstere Wege vor uns, bis wir ganz ins Helle

seiner

seiner Geheimniße kommen. Aufklärung, wird sie nicht etwa Rebellion erregen? Nein, sagt er; dieß wollen wir nicht; nur den „Gedanken solle man wagen, nicht durch Rebellion, sondern durch Hilfe der Vernunft wieder in die Freyheit zu treten (S. 85.)". Wahrlich wie das hergehen möchte, soll einem ein großes Geheimniß zu seyn scheinen. Aber dieses Geheimniß hatte Weishaupt schon den seinigen Vertrauten recht schön enthüllet, und sie allein wußten das wahre Mittel, die Aufklärung, so weit zu treiben. In der zwoten Abtheil. des Nachtrages S. 30. in der Instruction für die Provinzialen steht alles deutlicher schon geschrieben". „Hat der Orden einmal an seinem Ort die gehörige Stärke erhalten, sind die obersten Stellen durch ihn besetzet, kann er in einem Ort, wenn er will, denen, so nicht folgen, fürchterlich, gefährlich werden, empfinden lassen, wie gefährlich es sey den Orden zu beleidigen, kann er seine Leute versorgen 2c., hat er in einem Lande (NB. NB.) von der Regierung nichts zu fürchten, sondern solche ist vielmehr in seinen Hän-

Händen; dann wird jeder Provinzial einsehen, wie leicht es seye, der Leute mehr zu erhalten, als man vielleicht nöthig hat". Und zu was nöthig hat? Etwa den Fürsten und alle Profanen zu meistern? Ja schier gar so was steht S. 32. n. 15. gleich hernach: "Wenn der Provinzial die fürstlichen Dikasterien und Räthe nach und nach mit eifrigen Ordens Mitgliedern besetzen kann, so hat er alles gethan, was er thun kann; es ist noch mehr, als wenn der Fürst selbst vom Orden wäre". Natürlich denn ohne jenen Vorhergang (ibid. n. 16.) folgten die Fürsten im Orden doch, dem Orden nicht, und brauchten den Orden nur zu ihrem Vortheil; dann aber werden sie doch thun müßen, was Presbyter und Princeps, Magus und Rex Illuminatorum befehlen werden; weil diese nun ihre gehörige Stärke erhalten haben werden, und mehr Leute zu ihrem Befehl bereitet haben, als vielleicht nöthig seyn möchte. Und ist das kein Geheimniß der ausgeschmütztesten Bosheit?

Und nun eben das die finstere Welt zu lehren, soll das Haupt-soll das einzige Geschäft des

des Herrn Jesus von Nazareth gewesen seyn! Welche Gotteslästerung vom ersten Range! Aus dieser Lehre, und dero künftigen Wirkung vermittels des Illuminaten-Ordens begreifet man erst, in wie fern er der Erlöser und Heiland der Welt sey. Nun kläret sich die Lehre von der Erbsünde, von dem Falle des Menschen, von der Wiedergeburt auf. Menschen in Staaten, leben im Stande der Erbsünde (welche also die Tauf nicht tilget) der gefallenen Natur (in der zwot. Abtheil. Nachtr. S. 107.). Wenn sie vermittels des besagten seine gehörige Stärke wirklich erhaltenden Illuminatenordens die Aufklärung durch Verbreitung der Moral Jesu, und mittels dieser die Freyheit wieder erhalten, so ist dieß ihre Erlösung, und so wird Jesus Erlöser der Welt: Diese seine Lehre haben alle anderen vergessen, oder ihre Bedeutung verlohren (ibid. S. 109.). Die Geistlichkeit (S. 110.) wußte sich zwar allein in Unabhängigkeit zu erhalten (handelte also in diesem der Lehre Jesu gemäß!!) unterdrückte aber durch

ihren

ihren viel ärgeren Despotismus alle andere, und erschütterte selbst die Throne der Fürsten. Diese neue Gewalt war um so schröcklicher, als sie so gar auf Meinungen und Gedanken sich erstreckte. - - - Man kann sich vorstellen (S. 111.), daß das Schicksal der alten und neuen Anhänger Jesu, so wie solcher es ihnen vorherverkündigt hat, elend und traurig war. Sie mußten sich jezt zweymal geheim halten". Jezt wissen wir also die zwo Hauptursachen der Geheimheit des Illuminatismus, nämlich um frey die Religion ohne das Priesterthum reg zu machen, und um frey den Staat untergraben zu können, ohne daß es die Fürsten gewahr werden. „Wenn (die Illuminaten) auch nicht zum Zweck gelangen (die von den Regenten, und Pfaffen von der Erde schier verbannte Vernunft in ihre Rechte wieder einzusetzen) sagt er in der zwoten Abtheil. des Nachtr. S. 115. und 116., so bereiten sie doch den Weg. Sie erwecken ein neues Interesse: sie öffnen neue vorher unbekannte Aussichten: sie erwecken den Erfindungsgeist, und die Erwartung der Menschen: sie machen gleich gleichgültiger gegen das Interesse des Staates, bringen Menschen von verschiedenen Völkern und Religionen wieder zu einander unter ein gemeinschaftliches Band, entziehen (NB.) den Arbeiten des Staats und der Kirche die fähigsten Köpfe und Arbeiter (welche Satanische Bosheit!) untergraben eben dadurch den Staat! - - - machen durch das Unvollkommene und so oft bekanntgemachte ihrer Einrichtungen (man lerne das Ziel der maurerischen bekanntgemachten charlatanerie kennen) daß der Gegentheil und die öffentliche Regierung in sie kein Mißtrauen setze: dienen einer bessern, klügeren Einrichtung zur Masque, und setzen uns dabey in Stand, ihre bessere, lang in der Irre geführte, und nach dem Ziel schmachtenden Menschen nach gehöriger Vorbereitung in unserm Schoos und Mittel zu vereinigen. - - - (S. 118.) Dieser Saame zu einer neuen Welt ist nunmehr unter Menschen geworfen, er hat Wurzel geschlagen, und hat sich zu allgemein verbreitet, als daß gewaltsame Ausrottung die Ernte verhindern könnte". Und von so einem Orden

Orden wollte Weishaupt, wie Erfinder und Stifter, also General, Magus, und Rex seyn!

Sollt ich es Tollsinn oder Gottlosigkeit nennen, was dieser eitle, bösartige, und seine unsinnigsten jugendlichen Einfälle für lauter Göttersigne anbethende Mensch hier traumet? Zwar was er von künftiger Umstürzung aller Staaten und einer platonischen Republik, oder neuem Patriarchalleben, schwätzet, möchte wohl mit dem Tollhause genug bezahlet seyn. Aber daß er die heiligste Person und Lehre Jesu so mitnimmt, das verdiente gewiß der Aergerniß und Gotteslästerung halben wohl ein mehrers. Daß er aber eine Menge unsrer besten Jünglinge, als Professor und Ordensgeneral, dadurch wirklich so schröcklich verführet hat, und wenn es ihm gelungen, und die Fürsicht Gottes nicht durch unerwartete Fügungen dafür gewesen wäre, unsre sammentliche Jugend mit so einem höllischen Gift anzustecken sein äußerstes wirklich gethan hat, verdient so was nicht den Abscheu aller redlichen Anbether Jesu Christi, als des

Sohns

Sohns Gottes, und aller ihr Vaterland und ihre Regenten von je her gutmüthigst liebenden Baiern?

Und in so einen Orden getraute sich Weishaupt als oberster Chef Päbste und Könige aufzunehmen (Nachtr. S. 106.), das ist, zu Duppen seines muthwilligen Spiels mit Religion und Staate zu machen. Ja er hatte wirklich die Vermessenheit (ebendas. S. 98.) auf den Gedanken zu gerathen unserm Durchlauchtigsten Kurfürsten durch eine Deputation das Protectorat der B - eclectischen ☐ ☐ anzutragen. In seiner Instruction für die Provinzialen des Ordens (zwote Abtheil. S. 32.) warnet er zwar: „Fürsten sollen äußerst selten zu Ordensmitgliedern gemachet werden: setzet aber noch hinzu: wenn sie es doch wären, sollen sie niemal über den Illuminatus Major befördert werden". Auf solche Weise nämlich sollten selbe doch niemal der Ordensgeheimniße einige Erkenntniß erhalten. Ist es Wunder daß Weishaupt so oft für seinen Kopf und Leben besorgt war!

Ist

Ist es ein Wunder, daß Philo zur Zeit seines Unmuths gegen den Ordensgeneral (S. 113. im Nachtr.) diesem droht, die, welchen die Religion theuer ist, mit seinen Grundsätzen bekannt zu machen; daß er sagt (n. 6.), er könnte zu dessen Trutze die, welche Geheimniß suchen im Orden, versichern, daß sie nichts (nämlich außer jenen schädlichen Grundsätzen wider Religion und Staat:) zu erwarten hätten". Noch drohender schreibt Philo an Spartacus daselbst S. 124.: "Wenn ich die Entstehungsgeschicht ihrer wahrhaft für die Welt gefährlichen, von mir in allen Heften moderirten Grundsätze gewißen Männeren vorlegen wollte; - - - wer wurde bleiben? Was ist der Priestergrad gegen ihre Mittel zu guten Zwecken? (noch haben wir nichts im Publico von dieser Weishauptischen Geburt). Ich habe aus zu gutem Herzen mich von einem Manne zu allem brauchen lassen". Aber Himmel! welche Leute sind diese ersten Gesellen unsers großen Meisters? die sich wissentlich zu allem von ihm

brau

brauchen lassen, von dessen bösen und der ganzen Welt gefährlichen Absichten sie vollkommen belehret sind? Kann auch so was aus einem wahrhaft gutem Herzen geschehen? Man sehe aber auch aus dem Briefe des Spartacus (Orig. S. 200.), was für Helden sich selber zu den ersten Gehülfen der Ausführung seines großen Werkes erwählte.

§. III.

Weishaupt war der gefährlichste Verführer der besten Bairisch- und Pfälzischen Jugend.

Weishaupt scheut sich nicht selbst nach der genugsamen Entdeckung seiner Hauptbosheiten und Schandthaten für einen Lehrer der Tugend und Stifter einer Schule des Guten auszugeben. (kurze Rechtfertigung S. 25., Einleitung zu seiner Apologie S. 16.). Und wie viele Lügen stehen in dieser Einleitung, die er in voller Hoffnung hingeschrieben hat, es werde die Aufdeckung seiner Werke der Finsterniß nimmer über das Jahr 1780. hinausreichen (ibid. S. 17. und

17. und 19.). Das Beste, was er da sagt, ist offenbar das Bekenntniß seiner jugendlichen Unwissenheit, Irrthümer, Unsittlichkeit, und Vermessenheit, so was in solchem Alter, mit solchen Gehülfen, mit so einer Entschlossenheit und Thätigkeit, mit Gefahr der größten Verführungen, aus purem Stolz und Vertrauen auf die Stärke seiner Geisteskräfte zu unternehmen. (S. 34. n. 4. S. 39. n. 7. S. 40. n. 8. item. S. 51.). Und doch kann er nicht bereuen, daß er so einen Gedanken geschöpfet, und zum Theil (leider! nur zum großen Theil) ausgeführt habe. Das zu bereuen, — nein, das kann er nicht. (S. 49.). Man lese das übrige, so da folget, und urtheile, was man nun nach vollends entdeckten Hauptgeheimnißen seines Ordens von so einer Beichte halten soll.

Nun also Weishaupt hat Tugendlehren, und sie allgemein verbreiten wollen. Er hat diese gehabte Absicht wirklich zum Theil ausgeführt, und kann also all das Gute nicht bereuen, das durch seine Anstalt geschehen ist (S. 49.)? Ohne Zweifel soll dieses Gute unter der Jugend zuerst und am meisten geschehen seyn, mit dero Unterricht

terricht er sich zu Ingolstadt ausschließend beschäftigte (S. 51.). Nun sage man mir zur Gnade: welche Tugend hat Weishaupt gelehret? Er lehrte, und wollte keine Religion lehren; und laugnete deswegen, daß Jesus auch eine Religion, sondern nur Moral, gelehret hatte. Bekannt ist es schier allen seinen Schülern und Vertrauten, daß bey ihm kein verächtlicherer Namen als der Namen eines Pfaffen war. Vielmehr waren alle hohe Mysterien seines Ordens auf die Vertilgung aller Religion nebst dem Staate angesehen. Und seine Moral, das große Werkzeug der Aufklärung, in wem bestand sie? Den Nationalismus und Patriotismus, die Ergebenheit gegen dem Staat und den Fürsten, auszurotten: Verachtung gegen den ganzen geistlichen Stand in Summa, und gegen alle öffentlichen oder äußerlichen Religionsübungen (wo man alles, Wesentliches und Zufälliges, unter einer Categorie der Vorurtheile, der Pfaffengeschwäße und Betrügereyen, zusamm faßte) einzuflößen: die jungen Schwindelköpfe mit dem Stolze einer über den Pöbel erhabenen Denkart und Einsicht anzufüllen, und sie durch Anschwärzung aller Religions- und Sittenlehre, welche sie in ihren ersten Jahren von der Geistlichkeit empfangen hatten, vollends ebenfalls zu abgesagten Feinden derselben zu machen. Weishaupt thut zwar in seiner Anrede an die Illuminatos dirigentes (S. 99.) Meldung von den Gebothen der Liebe Gottes und des Nächsten, welche Jesus von Nazareth so reizend und liebenswürdig vorgetragen habe. Allein, da vielleicht diese Stelle und das Ort ohnehin das einzige ist, wo Weishaupt von der Liebe Gottes jemal geredet hat, so läßt er doch das erste Haupt- und größte Geboth alsbald wieder fahren, und unterhält seine Zöglinge nur mit dem Gebothe der Liebe des Nächsten; einem Gebothe, wie er gleich dazu setzt, das die ganze Moral und das ganze Recht in sich fasset. Wem ist so eine Synopsis der Moral nicht nagelneu? Wie aber? hat Weishaupt jemals im Ernste ordentliche Liebe auch nur des Nächsten zu lehren sich ein Geschäft gemachet? War er selbst ein liebreicher allgemeiner Menschenfreund? Wer, außer den Theilnehmern seines Projektes, seines Jesuitenhasses, seiner geheimen

men Kabalen diese zu stürzen; und endlich welche aus seinen Schülern, außer jenen, die vor ihm tief gebogen und anbethend daherkrochen, kann sich rühmen von ihm viel geliebt worden zu seyn? Man frage seine Herren Kollegen in der Universität zu Ingolstadt hievon. Nun wo ist denn das Gute, wo ist jene helle Aufklärung, welche Weishaupt unter unsre Jugend verbreitet hat? unter den jenigen Theil unsrer Jugend hauptsächlich, welche alle Stellen der Dikasterien einst besetzen, und alle Beamtungen auf dem Lande versehen sollte.

Da wir so hart das Gute finden, das unser Tugendlehrer will gestiftet haben, laßt uns jezt das schröcklich große Uebel nur mit wenigen übersehen, das er stiften wollte, das er zu bewirken auf die thätigste Art seit mehr dann 12. Jahren unternommen, und leider nur gar zum großen Theil wirklich ausgeführt hat.

Denn als Ordensstifter, und in der festen Absicht ein neuer Weltreformator zu werden, nahm sich Weishaupt keinen Stand mehr zum Augenmerk und Geschäft, als die Jugend, und zwar aus dieser den besten Theil.

In der zwoten Abtheil. des Nachtr. S. 24. giebt er jedem Provinzial seines Ordens die Hauptweisung, die Verbreitung des Ordens durch junge Leute zu suchen. Es heißt allda n. 3.) "In der Aufnahm soll er darauf sehen, daß er wissensbegierige, fähige, folgsame, gesetzte, fleißige und thätige, gutgemüthete, wirtschaftliche, junge Leute, (das ist, den Kern derselben) erhalte, welche noch nicht zu viel wissen, Begierde haben mehr zu lernen (das ist, zu den Mysterien wider Religion und Staaten fähig, nicht dawider schon zu viel bewaffnet, und durch Theologie und Moral eines Doctoris obscuri etwa schon zu viel im Christenthum gegründet sind) und mit der Zeit ihre Aufklärung dem Orden zu verdanken haben. Junge Leute, heißt es ferner, sind also das vorzügliche Augenmerk der Provinzialen, und der Orden setzet in der Anwerbung derselben seine Stärke". Und was soll denn die Jugend im Orden vorzüglich lernen? Ohne Zweifel, was der Orden zum Hauptzweck sich vorgestecket hat, nämlich das neue verhunzte Ordens-Christenthum, und den Kosmopolitismus samt der Abneigung von allem Staatenleben,

ben, und endlich Liebe zur patriarchalischen Freyheit? Lauter angenehmste Lockspeisen für die noch nicht durch viel und gründliches Wissen vor solchem Gift geschützte und die Freyheit ohnehin liebende Jugend. Man lese jezt die Ordens-Statuta S. 12. und 26. in den bey Cato erhobenen Illuminaten-Schriften, item im Nachtrags zweyt. Abtheil. S. 35. n. 3., die so einer Jugend gemachten prächtigsten Versprechen und großen Aussichten, und wundere sich nun nicht mehr, daß die Anhänglichkeit der wirklich in diesen Orden angeworbenen Jugend, welche den kleinen Mann, der sein Stifter war, selbst nicht kannte, und von einem weis Gott wie groß geglaubten Alterthum und Ausgebreitheit des Ordens träumte, so außerordentlich, ihre Bereitwilligkeit alle Ordenslehren anzunehmen, fest zu halten, in keinem Falle mehr anzulassen, bis zur Bezauberung gestiegen sey. Hier verdient die noch zarte Menschheit Mitleiden, der Hauptverführer aber (ein Free terrible) allgemeines Abscheu und Empörung aller redlichen Gemüther wider sich.

Und wie thätig gieng er hier zu Werke! Man lese in l. c. S. 25. fort, und erschröcke ab der wirklich drohenden allgemeinen Verbreitung der allerbösesten aus allen Pesten! „Der Provinzial hat sich in jedem Lande vorzüglich um die Schul‍erziehung der Jugend und ihrer Lehrer zu bewerben. Die Schullehrer muß er suchen vor allen an sich zu bringen, oder zu machen, daß bey Erledigung der Schulämter solche mit Or‍densgliedern besetzt werden. (NB.) Diese Leh‍rer dienen dazu 1.) die Ordensmaximen (über Religion und Staat) unmerklich der Ju‍gend beyzubringen: 2.) das Herz der Jugend zu bilden (nach dem Herzen des Manns Gottes) ꝛc. 3.) die tauglichsten Köpfe vorzubereiten (schon von den Kindsbeinen an), für den Orden, (das ist, für seine Maximen und Absichten) zu wer‍ben ꝛc. 6.) Mit der Jugend wächset der Orden, und besetzt mit der Zeit alle Stände und Stel‍len: 7.) Keine Anhänglichkeit kann größer wer‍den, als die man schon in der Kindheit gegen eine Sache erhaltet. (ibid. S. 26.) Mit An‍werbung der Erwachsenen muß der Provinzial Vorsicht gebrauchen; sie schlagen meistens fehl".

NB.

NB. Also auf die Jugend, und zwar den Kern derselben, hatte Weishaupt sein Hauptaugenmerk! Aus Erwachsenen wollte er (wie man S. 29. und 30. leicht merket) nur mit dem Staate und der herrschenden Religion schon ohnehin Mißvergnügte zu Brüdern annehmen. Sieh auch ibid. S. 33. n. 5.

Aber nicht genug. Nicht nur mittels der Schullehrer wollte Weishaupt die ganze Jugend nach seinem verdorbensten Kopf und Herzen stimmen; selbst die Geistlichkeit sollte ihm noch besser Teufelsdienste in dem Geschäfte ihrer Verführung leisten. S. 31. l. cit. n. 11. weiset er seine Provinzialen an: „So nöthig als dem Orden zur Verbreitung die Schulen sind, eben so nöthig sind ihm auch in katholischen Landen (mein! warum nur in katholischen Landen?) die Seminarien der Geistlichkeit. Den Vorsteher davon auf eine geschickte Art zu einem thätigen Ordensmitglied zu machen, ist das größte, was ein Provinzial thun kann. Dadurch ist 1.) der Hauptstand in jedem Lande gewonnen, 2.) der mächtigste Widersteher des guten Entwurfs mit ins Interesse gezogen".

Nicht genug: auch **Bücher**, das allgemeinste Gift der Jugend unsrer Zeiten, wollte Weishaupt fleißigst zu seinem Zweck der Verführung benutzet wissen. Wer alle die Bücher kennet, welche in gedachter Provinzial-Instruktion als Klaßiker für die zur Illumination bestimmte Jugend zugeschlagen und als Seelenerhebende angegeben werden, der wird bald einsehen, zu wie einer hohen Seelenerhebung über alle, wenigst christliche und göttlich geoffenbarte Religion Weishaupt unsre Jugend zu befördern trachtete. Sollte es einem doch nicht wunderlich fallen, daß, da er Jesus von Nazareth in seiner Anrede an die Illuminatos dirigentes S. 98. als den vollkommensten Meister und Lehrer der Moral selbst angiebt, doch die Lesung seiner Evangelien und der Schriften seiner ersten Jünger, die er zu den ersten Maurergesellen machen will, nirgend seiner Ordensjugend anempfiehlt.

§. IV.

§. IV.
Zusammgefaßter Karakter des Ordensstifters.

Das ist nun der große Welt- und Tugendlehrer, für den Weishaupt auch nach der Offenbarung alles Geheimnißes seiner Bosheit sich noch in einer offentlichen Rechtfertigung S. 25. auszugeben erfrechet. Wie ausgeschämt! Wohlan lasset uns denn die Sittlichkeit und den Karakter dieses Tugendlehrers und Ordensstifter ganz kurz zusammnehmen und ins Liecht stellen.

Weishaupt, wahrscheinlich schon als Jüngling etwa von 20. Jahren, durch Lesung eines Robinets zum Materialismus verführet (Man lese sein eigenes Geständniß in seiner Einleitung zur Apologie S. 14.), unternimmt etwa im 26ten Jahre seines Alters das große Werk eines neuen Ordens in geheime, ohne sich als dessen Urheber auch den angesehensten dazu angeworbenen Mitgliedern bekannt werden zu lassen, in der Hauptabsicht die Welt vom zweyfachen Joche der Religion und der Fürsten zu befreyen; unterdeß terdessen im vollen Ernste hoffend selbst mittels seines Ordens über die ganze Welt nach Willkuhr herrschen zu können. Ein Hochmuth bis zum Tollsinne ist fürwahr hiezu in einem solchen Alter schon der nothwendigste Grundzug des Karakters. Behutsamkeit bis zum Furchtsamen scheint neben der Eitelkeit heraus, mit der er eines Theils mit Cato und Philo immer um den Regimentsstab des Ordens eifert, an deren Theils aber hinter eben diese sich vor allen anderen verstecket. Entschlossenheit nichts destoweniger alles für sein Werk zu wagen, wenn es auch etwa gar den Kopf, im Falle der Entdeckung desselben vor der Zeit, kosten sollte. Zutrauen auf sich selbsten, mit dem er sich so leicht an Fürsten wagte, als an seine ihm minder ergebenen Schüler. Eben darum aber Betriebsamkeit ohne Ermüdung in Beförderung seines großen Werkes, samt geschwornen Hasse und Rache gegen alle diejenigen, von deren Gesinnungen er versichert war, daß sie seinen Absichten unabänderlich in allen Gelegenheiten entgegen seyn wurden; so verbunden er selben auch sonst wie immer für nicht kleine empfange-

ne

ne Guttthaten seyn möchte. In Vollziehung seines Vorhabens waner Reich in Ränken und Schwänken, schlauch wie ein Satan in Vergoldung des tödtenden Giftes, das er den besten jungen Gemüthern täglich unter tausend veränderten Gestalten beyzubringen sich unermüdet bewarb. Voll des Betruges, als eines Hauptmittels seines großen Zweckes, durch welches allein er die angesehnsten Männer, welche eines Weishaupts als Anführers sich mehr als geschämt hätten, in seinen nagelneuen Orden gelocket, mit lauter Religiösen Lügen (Nachtr. f. 106.) herumgezogen, und zulezt noch über ihre Leichtgläubigkeit heimlich gespottet hat (S. 68. im Nachtrage). Endlich nach entdeckten allen seinen Schandthaten und Bosheiten noch unverschämt genug durch öffentliche Schriften vor der ganzen Welt den einten Theil als eine Schwachheit zu entschuldigen, den andern gar noch sich zum großen Verdienste anzurechnen.

Nun genug von so einer in der Welt schier noch neuen abentheurlichen Erscheinung. Meine Pflicht war das zu thun, was Cicero gegen Catilinna gethan hat. Nur noch höchst wichtig ist es, einige Anmerkungen über diese traurige Geschicht unsers Baiern zu machen.

§. V.
Anmerkungen über diese Geschicht.

Die allererste Anmerkung, so ich hier zu machen habe, ist diese: Man hüte sich allen jenen, zum theile angesehensten Männeren, und sonst unbescholtenen Personen, welche an dem Orden selbst Theil hatten, Theilnehmung an den bösartigen Absichten des Ordensstifters überhaupt zuzumuthen. Schon ein allgemeines Naturgesetze der Liebe ist: halte Niemand für bös, oder böser, außer so weit du überzeugende Beweise davon hast. Nun, Theil an diesem Orden genommen haben, ist offenbar noch kein Beweiß, daß man auch Theil an den bösartigen Absichten des Stifters genommen hatte. Denn 1.) war der Stifter selbst, außer gar wenigen, durchaus unbekannt, und Weishaupt selbst empfahl seinen wenigen Geheimräthen kein Geheimniß bringender, als jenes, daß der Orden neu und sein Werk war (Origin. S. 202.). 2.) Eben deßwegen drang er so sehr darauf, daß die Verbreitung

breitung seines Ordens vielmehr durch Aufnahme junger Leute geschähe, als durch Aufnahme erwachsener Männer: weil er erachtete, junge Leute, durch die großen Versprechen des Ordens geblendet: würden eher jenes Spioniren ihres innersten aushalten, welches er für nöthig hielt um zu erfahren, ob sie fähig wären seine höheren Geheimniße der Bosheit aufzufassen und zu verdauen: weil er sie durch große Versprechen leichter reitzen könnte: weil sie des Betruges mehr und die Irrthümer einzusehen minder fähig wären. 3.) Deßwegen wollte auch Weishaupt nur solche Erwachsene zu Mitgenossen des Ordens haben, welche ohnehin schon mit der Kirche und dem Staate mißvergnügt wären (im Nachtr. zwoter Abtheil. S. 29. 30. item. S. 33. u. 5.), und nahm es dem Cato und Philo so übel, daß sie um dem Orden Ansehen, Macht, und Geld zu verschaffen in der Aufnahm erwachsener und Einsichtsvollerer Leute zu übereilend wären. 4.) Fürnämlich aber wollte Weishaupt durchaus nicht, daß man solchen Einsichtvollen Leuten die Geheimniße des Ordens und seine höheren Grade jemals mittheilen sollte. Wegen solcher Unvorsich-

Vorsichtigkeit, fürnämlich eines und anderes der Chefs des Ordens, zeigte er sich oft für seinen Kopf und Leben so bekümmert und besorget. 5.) Endlich suchte Weishaupt selbst durch Aufnahme mächtiger und angesehener Personen nur seinem Orden Schutz, Macht, Vorschub, und in Unglücksfällen sichern Rucken zu verschaffen (Orig. S. 215.). Dieß erreichte er viel gewisser, wenn er alles Böse, ja wohl auch nur zweydeutige, vor ihnen verborgen hielt.

Zwote Anmerkung. Wie ist Weishaupt selbst zu so einem hohen Grad der Bosheit ausgeartet? Durch das Lesen eines Robinet und desgleichen anderer ihrer verderblichen Bücher, in einem der Verführung noch so leicht ausgesetzten und durch reifere Ueberlegung noch nicht davor geschützten Alter. Lernet also, liebe Aeltern, in diesem Stücke über eure Kinder wachbar zu seyn. Weishaupt hatte zu frühe den freyen Zutritt in die Bibliotheck eines B. v. J... Trauet euren Eleves nicht, ihr Schutzgeister der Jugend.

Dritte Anmerkung. Geistes- und Hoffnungsvolle Jünglinge! die ihr in euch selbst höhere Kräften eines zu allem Schwung fähigen

Geistes

Geistes merket. Ich bitte euch! hütet euch vor Hochmuth, vor vermessenem Zutrauen auf das helle Liecht eures Verstandes. Erkennet lebhaft, daß das vorzügliche Gute, was ihr in euch wahrnehmet, eine reine unverdiente Gabe der Güte eures Schöpfers ist, und daß der gute Gebrauch desselben von Seite euer selbst noch eine weit größere Gabe und Wirkung seiner Gnade sey. Seyd mißtrauisch auf euch selbst; weil ihr so geneigt seyd die größten Gaben Gottes zu mißbrauchen und zu euerm Verderben anzuwenden. Bethet deßwegen immer zu euerm Erschaffer um wahre Weisheit, und um ein gutes Herz. Und verlanget ihr ernstlich nach dieser Weisheit, so fürchtet Gott. Denn diese Furcht ist der Anfang derselben. Hütet euch aber vor denen, die euch falsche Weisheit in der Finsterniß lehren wollen, und eurer Eitelkeit mit höherer aber nur Geheimnißvoller, und Verborgenheit begehrender Auffklärung schmeicheln. Christus bezeugte Johan. XVIII. 20.: er habe offentlich vor der Welt, nichts in Geheime, geredet. Matth. X. 27. gebeut er seinen Jüngern: Was ich euch in Geheim sage, das saget öffentlich: und was ihr in der Stille höret, das prediget allen. Also für gute Christen, welche Religion und Moral von

G Chri-

Christus herhaben und lernen wollen, keine geheime Religionsschulen, noch geheime Sittenlehrer. Denn (Johan. III. 20.) alle, die Böses thun hassen das Liecht. . . . Die aber der Wahrheit nachleben, suchen es. Merket endlich noch über das: Religion geht vor Moral; und nur christliche Moral, welche auf die Religion Jesus des wahren Gottmenschen gegründet ist, nicht nur philosophische Moral, ist der Grund aller Glückseligkeit, so wie des Privatmenschen, also auch aller Staaten.

Vierte Anmerkung. Wie sollen Leute von noch guten Herzen und unverdorbenen Christenthume diese neue Erscheinung eines solchen Ordensstifters aufnehmen? Himmel! von welcher Gefahr hast du uns noch gütig durch die zeitige Entdeckung solches Geheimnißes der Bosheit entrissen! O Gott! wie viele von unsern Jungen werden schon, und wie weit schon, etwa seyn verführet worden! Wunder! welche Thätigkeit des Ordensstifters um nur viel Böses und geschwind zu thun! wie unermüdet arbeitet er in seinem Geschäfte! wie voll von tausend Einfällen und Wendungen ist er? wie mit unüberwindlicher Langmuth dringet er auf seinen Zweck! O wie greifen wir mit Händen hier jenen wahrhaft

göttlich=

göttlichweisen Spruch Jesu Christi bey Lukas XVI. 8. Die Kinder dieser Welt thun es in der Klugheit nach ihrer Art den Kindern des Liechts weit bevor. O ja! seht, was sie für große Entwürfe zum allgemeinen Verderben machen: wie tiefsinnig sie die Mittel dazu ausstudiren: wie thätig sie sind Böses zu thun: wie sie sich durch keine Beschwernisse und Gefahren abschrecken lassen: wie sie kühne sind dem Guten zu widerstehen: wie sie sich zu ihrem Zweck vereinigen und zusammhalten: wie sie sich zu verstärken, wie sie die Frommen zu unterdrücken suchen. O meine Lieben! lernet von den Bösen die Weis, wie ihr Gutes thun sollt. Machet es im Gutes thun so, wie jene es machen im thun des Bösen, und o ihr seyd des Sieges vollkommen vergewisset. Denn Gott wird mit euch seyn, der stärker ist, als der Geist der Finsternißen, in welchen jene wandeln.

Fünfte Anmerkung. Was ist doch Jesuitismus für ein Ding? Warum zörnet Weishaupt und seines gleichen so immer über die Jesuiten? Mir ist nicht bekannt, wie Weishaupt auch nur einmal von einem Jesuiten wirklich ehevor übels erfahren hat. Eingebildet hat er sich oft vieles: aber beweisen kann er sicher nichts.

nichts. Von seinem Sturze ist der erste Urheber kein Jesuit, auch hat höchstens einer von Jesuiten mitgeholfen. Und doch schreit er über Niemand als über Jesuiten. Antwort: eben dieß ist heut die Sprache aller Weishauptischen Christen, welche vom Christenthume und dem Staate eben so wie er denken; und solche heißen Legion. Eine große Zahl billicherer protestantischen Gelehrten, kurz, die meisten von jenen, welche noch wahre Christen sind, und Jesus von Nazareth nicht für einen solchen Welterlöser, wie Weishaupt, halten, sondern vom ganzen Herzen als den wahren Sohn Gottes und Gottmenschen anbethen, welcher die Menschen vom Joch der Sünde und des Satans erlöset habe; die meisten von diesen, sage ich, dulden wenigst mit Liebe die zerstreuten Jesuiten wie andere Katholicken, und als tugendsame gelehrten Leute. Sie hüten sich ihnen ungegründete, falsche, ehrenrührische Vorwürfe zu machen, und wenn sie sich erfreuen, die Feinde ihrer Sekt geschwächet zu sehen, so sehen sie selbe doch auch für keine fürsetzliche Böswichte und Sünder an; ja manche tragen auch aufrichtige Freundschaft gegen selbe. Nicht so die Weishauptischen Christen. Diese sind es, welche überall in der christlichen

lichen Welt über Niemanden mehr schimpfen und schreien, als über Jesuiten. Eben diese sind es, welche so gegen alle Vorschläge von Union der Protestanten mit den Katholiken wie tobend schreien. Natürlich! wer immer noch weiter sich entfernen will, hört nicht gern von heimgehen. Und leider! solche Weishauptischen Christen giebt es jezt in Menge in allen Europäischen Ländern. Keine Bosheit, keine Schandthat giebt es, die sie den Jesuiten nicht frey aufburden: obschon eine Million Zeugen, noch vorhanden sind, welche alle Stunde bezeugen können, daß sie in so vielen Jahren ihrer Jugendunterweisung bey den Jesuiten nichts als Gutes gehöret und gesehen haben. Woher kömmt dieses? Was ist denn endlich Jesuitismus im Munde und Herzen solcher Weishaupte? Antwort: das, was sie unter Menschen für das allerentgegengesetzteste in Rücksicht auf ihre Lieblingsabsichten halten. Ein aller Irreligion und unedler Freyheitsliebe abgeneigtes Herz; ein in diesem Gegensatze unbiegsamer unveränderlicher Geist; der immer gefasset ist sich der Ausbreitung jener Pest unter seinen lieben Mitchristen nach Maaße seiner Einsichten und Kräften zu widersetzen; ja der bey allem seinem unver-

dienten

dienten Druck, den er eben deßwegen schon in so hohem Grade erduldet hat, doch noch den Muth nicht verlohren hat für die Ehre Jesu Christi, seiner wahren Kirche, seines Statthalters, ja wohl auch für die rechtmäßige Gewalt und Gerechtsame seiner Fürsten, mit einer unbestechlichen Treue gegen alle Feinde derselben standhaft im Felde zu stehen. Das ist der Weishaupten so verhaßte Jesuitismus. Weishaupt wollte die Klugheit des Jesuiteninstitutes und dessen Stifters in manchen nachahmen, und er schöpfte sogar manche Praktik aus selben. Allein, da er nur die Klugheit der Schlange darinn wahrnahm, die evangelische Einfalt der Taube aber ganz übersah; so verdarb er alles, was er daraus gelernet, und es wurde in ihm nur zur boshaften Schlauheit, Spionirung, und zu Ränken gemisbrauchet.

Sechste Anmerkung. Fürsten! Mächtige Beherrscher der Erde! werdet doch aufmerksam auf das, was ihr von Feinden der wahren christlichen Religion selbst auch für eure geheiligsten Personen gutgesinntes zu gewarten habet. Jene, welche das Joch Christi und seiner Kirche nicht ertragen können, werden gewiß euer

Joch

Joch minder gutwillig aushalten. Welche Aufmerksamkeit also auf die Religion (nicht Bigoterie) derjenigen solltet ihr euch empfohlen seyn lassen, denen ihr großen Theil eures Gewaltes anvertrauet? Wie behutsam solltet ihr seyn in Besetzung eurer Dikasterien und Räthe mit solchen Leuten, von deren gründlichem Christenthume ihr wenigst eben so gewiß als von ihren gründlichen Einsichten und übrigen Geschicklichkeiten seyn solltet. Wie wichtig ist die Erinnerung, welche neulich in einer Schrift über die Toleranz am Ende gegeben worden; nämlich alle christlichen Fürsten möchten in der Wahle der Lehrer ihrer eigenen Prinzen sich vor dem Falle hüten, der aus dem christlich gebohrnen und erzogenen Julian einen Abtrinnigen und Verfolger des ganzen Christenthumes gemachet hat. Unchristliche Philosophen waren es, welche die Kirche Christi, als selbst die unduldsamsten, in dem ersten Marterdruck aus ihrem herrlichen Flor wieder zurück gebracht haben.

Endlich wendete ich mich recht gern an Herrn Weishaupt selbst mit einer brüderlichen gewiß gutgemeinten Ermahnung. Stolz war die Hauptwurzel so einer unglücklichen Frucht, welche nichts als Böses für ihn und seine fürnehmsten Theilnehmer bisher gebracht hat. Verdemüthigung wurde die sicherste Arzney wider dieses weit aussehende Uebel seyn. Glaubt er, es wurde Schande für ihn seyn, aufrichtig bekennen gefehlt zu haben; so irrt er sich ferner fort, und erschweret nur immer sein Unglück und das Aergerniß derjenigen, welche durch sein Zuthun verführet worden. Mir ist die öffentliche Beicht eines Augustin immer eines der größten Heldenwerke, so ich von Menschen gelesen habe. Wie? wenn er es läse das schöne, das herrliche Buch der Confessionen St. Augustins. Augustin war gewis auch ein großer Kopf, ein öffentlicher Professor der Rhetorik zu Mailand, ein Gelehrter. Er fiel aber von einem Irrthume in den anderen; er lebte in Unzucht. Er merkte aber selbst, daß er so nicht auf dem rechten Wege zur Glückseligkeit wandelte. Er verrichtete oft in Geheime ein heißes Gebeth zum Vater der Liechter; demüthigte sich zu erst vor Gott; bekannte sich selbst und dem einzigen Urquelle alles Guten; daß er von sich selbsten und aus eigenen Kräften zu unvermögend wäre die Wahrheit zu finden und tugendhaft zu leben; er rufte mit begierigem Herzen zu ihm un hö-

heres

heres Liecht und Stärke. Er erhielt beede von dem bereitwilligsten Geber, er benützte sie treflich, und fieng an durch Erniedrigung seiner selbst groß zu werden. Er schrieb selbst die Geschicht der geheimsten Vergehungen seiner Jugend, und erweckte die Bewunderung der ganzen Welt über den Heldenmuth, mit welchen er ein wahrhaft Tugendvolles Leben von selber Stunde an im 32ten Jahre seines Alters anfieng, und bis in das 76te als eines der größten Liechter der Kirche Gottes fortsetzte. Wahrhaft große Seelen sind in der wahren Besserung immer noch größer als in der vorhergegangenen Verkehrung, und da solche Seelen insgemein aus Stolze und gar zu großem Zutrauen auf sich selbst sich verirren, so ist es eine gütige Zulassung der sie zu heilen begierigen Vorsicht, wenn sie in ihren Vergehungen unglücklich werden, und in Schande kommen. Denn nur durch so ein schmerzhaftes Mittel sind sie insgemein zu heilen. Gewiß ist es: Stolz und Hochmuth ist die allgemeinste Quelle der Irreligion gelehrter Köpfe; so wie sie die reichste Quelle aller anderen Laster ist. Wahrheitsliebe, festgegründete Wahrheitsliebe in Beurtheilung und demüthigster Anerkennung des eigenen Unvermögens ohne höhere Hilfe des

G 5   Schö‐

Schöpfers Wahrheit in den wichtigsten Geschäfte der Glückseligkeit zu finden, und nach selber zu leben, (das ist Demuth) ist die Quelle aller Tugend und der aus dieser allein quellenden Glückseligkeit selbst. Deßwegen führte Gott durch die ganze Einrichtung seiner geoffenbarten Religion die Menschen allenthalben zu dieser Tugend, als zum nöthigsten Fundament des übrigen Gebäudes hin. Deßwegen verfügte er den wahren Stand der Erbsünde selbst; das ist, er erklärte dem Adam und seiner Nachkommenschaft feyrlich, er ließ zu den Stand dieses Unvermögens, in welchem der Mensch von Menschen in der Unwissenheit und dem natürlichen Hange zum pur sinnlichen Gut empfangen und erzeuget wird, unvermögend sich zur Wahrheit mit seinem eigenen pur natürlichen Verstand und Willen zu erschwingen; wenn ihm nicht die Gnade des Erlösers durch höheres Liecht und Stärke zu Hilfe kommt. Er verschafte es dem Menschen dieses Liecht und diese Stärke als sein wirklicher Erlöser, nicht vom Joch der Menschen; sondern von seiner angebohrnen Natursünde des gedachten Unvermögens und dessen Folgen. Aber eben deßwegen, nämlich um uns

uns immer in der Demuth zu erhalten, und der so gefährlichen Klippe des Hochmuths vorzubeugen, übergab er seine himmlische Lehre nicht der Einsicht unsers Verstandes und unsrer Sprachgelehrsamkeit, um sie selbst in Schriften zu lesen und zu finden; sondern er unterwarf unser Urtheil darüber für immer dem Ansehen des beständig in seiner Kirche aufgestellten untrüglichen Lehramtes. Er gab selbst das Beyspiel ohne Ausnahme eines Gehorsams bis in Tod gegen seinen himmlischen Vater, und selbst auch gegen die Mächte der Welt, um uns den so nöthigen Gehorsam auch gegen alle unsere weltlichen Vorgesetzten zu lehren; deren weise Regierung selbst in Sachen zeitliches Wohlstandes uns so offenbar in eben dem Stande der bey vielen niemal getilgten Erbsünde und in dem noch unglückseligeren Stande der bey anderen täglich neu eintrettenden wirklichen Sünden, so nothwendig ist. Nur Hochmuth ist es, welcher Gelehrte Leute veranlasset, daß da sie jenes Unvermögen die wichtigsten Wahrheiten durch eigene Einsicht zu kennen, fest zu halten, und zu lieben, bey allen ungestudirten Leuten so offenbar in die Natur verweber sehen, sich eines Fun-

tes

kes von erworbenen Witze halben schon von dieser allgemeinen Natursünde ausgenommen halten. Die verdiente Strafe solches Hochmuthes folget immer gleich auf den Fuß nach, nämlich Erfahrung der Wirkungen solcher ihnen wie allen anderen innerst eingewebten Natursünde durch Fälle in gröbste Irrthume und Laster; deren glücklichste Folge noch ist, wenn sie solche Nabuchodonosore zur Erkenntniß eben dieser muthwillig verkennten wichtigsten Wahrheit führen; daß der Mensch ohne höhere Hilfe sich selbst nur bis zum Thiere abwürdigen, niemals aber zu jener Würde erheben könne; zu welcher ihn sein Erschaffer wirklich bestimmet hat, aber aus gütigstem Rathschluße seiner ewigen Weisheit nur durch den Weg der Demuth mit seiner höheren Hilfe führen will.

www.ingramcontent.com/pod-product-compliance
Lightning Source LLC
Chambersburg PA
CBHW020147170426
43199CB00010B/927